智慧の法

The Laws of Wisdom

心のダイヤモンドを輝かせよ

大川隆法

Ryuho Okawa

まえがき

人がこの世に生まれて、生きて、あの世に持って還《かえ》れるものは「心」しかない。その「心」の中でも、ダイヤモンドの輝きを保っているものは、「智慧《ちえ》」である。

本書では、人生において獲得《かくとく》すべき智慧について様々な角度から述べてみた。個々人の生き方から、知的生産の秘訣、経営者のマネジメントの秘密まで、数多くの価値ある考え方を紹介した。

現代的悟りとは、実に多面的で複雑なものだと思う。しかし一番大切なことは、努力によって、あなたの魂の生き筋に一条の光明を与え、貴重な人生の時間を見事に結晶させていくことである。

昨年からの大ベストセラー『忍耐の法』に続いて、『智慧の法』を刊行することができて、ある意味、仏法の現代化に成功できたのではないかと思う。

二〇一四年　十二月

幸福《こうふく》の科学《かがく》グループ創始者兼総裁《そうししゃけんそうさい》　大川隆法《おおかわりゅうほう》

智慧の法　目次

第1章　繁栄《はんえい》への大戦略《だいせんりゃく》

――一人ひとりの「努力《どりょく》」と「忍耐《にんたい》」が繁栄の未来《みらい》を開く

第2章　知的生産《せいさん》の秘訣《ひけつ》

——付加価値《ふかかち》を生む「勉強や仕事の仕方」とは

第3章 壁《かべ》を破《やぶ》る力
――「ネガティブ思考」を打ち破る「思いの力」

第4章　異次元発想法《はっそうほう》

――「この世を超えた発想」を得るには

第5章　智謀《ちぼう》のリーダーシップ

――人を動かすリーダーの条件とは

第6章 智慧の挑戦《ちょうせん》

――憎《にく》しみを超え、世界を救《すく》う「智慧」とは

情報《じょうほう》・知識《ちしき》・智慧《ちえ》

たえず目《め》や耳《みみ》を通《つう》じて脳《のう》に集《あつ》まっているもの、
それは『情報《じょうほう》』だ。
『情報《じょうほう》』は集積《しゅうせき》することも、
処理《しょり》することもできる。

『情報《じょうほう》』が自分《じぶん》で使《つか》えるレベルになったもの、
学力《がくりょく》になったり、

仕事《しごと》で有用《ゆうよう》になったものを『知識《ちしき》』という。

『知識《ちしき》』は力《ちから》である。

必要《ひつよう》なことを知《し》っており、
必要《ひつよう》な時《とき》に取《と》り出《だ》して使《つか》えるようにしておくことは、
現代社会《げんだいしゃかい》では、
生《い》きてゆくための技術《ぎじゅつ》であり、武器《ぶき》でもある。

しかし、もっと大切《たいせつ》なものもある。
それが『智慧《ちえ》』である。
『知識《ちしき》』が経験《けいけん》に裏打《うらう》ちされて、
人生観《じんせいかん》を高《たか》めるレベルにまでなったもの、
悟《さと》りのための導《みちび》きの言葉《ことば》にまでなったもの、
それが『智慧《ちえ》』である。

『智慧《ちえ》』は、

『知識《ちしき》』を善悪《ぜんあく》のふるいにかける時《とき》に生《しょう》ずる。
深《ふか》い内省《ないせい》の時《とき》、
瞑想《めいそう》の時《とき》に結晶《けっしょう》してくるものだ。

それは、
天《てん》の一角《いっかく》から降《お》りてくる、
インスピレーション（霊感《れいかん》）にも似《に》たものだ。

第1章

繁《はん》栄《えい》への大《だい》戦《せん》略《りゃく》

一人ひとりの「努力《どりょく》」と「忍耐《にんたい》」が
繁栄の未来《みらい》を開く

1　二十八年間、私は「正しさ」を伝《つた》えてきた

私が初《はじ》めて、みなさんの前で説法壇《せっぽうだん》に立ちて講演《こうえん》をし、この仕事を「自分の天命《てんめい》」と悟《さと》ったのは、二十歳《さい》から数えて十年、ちょうど三十歳のころでした（一九八六年十一月二十三日、「幸福の科学発足記念座談会《ほっそくきねんざだんかい》」にて）。

その十年間、自分なりの努力《どりょく》・勉強等を積《つ》み重ねて、孔子《こうし》が言っているように、三十にして立ち、人々の前にて、自《みずか》らの考えを述《の》べることを職業《しょくぎょう》とすることになりました。

歳月《さいげつ》が流れるのは、ずいぶん早いものだと思いますが、その日から二十八年の歳月が流れました。最初《さいしょ》に私の説法を聴《き》いた人は、全国から集まりましたが、ま

だ八十七人でした。

しかし、本章のもとになる法話《ほうわ》を行《おこな》った二〇一四年七月八日の「御生誕祭《ごせいたんさい》」においては、本会場のさいたまスーパーアリーナに人は溢《あふ》れ、その法話は、全国・全世界の約《やく》三千五百カ所に衛星中継《えいせいちゅうけい》されました。また、私の説法も、本のかたちで二十七以上《いじょう》の言語に翻訳《ほんやく》されています。

じわじわと法輪《ほうりん》が転ぜられて、全世界に広がっていきつつあることを感じています。それは、「三十歳のときに、この道をわが行くべき方途《ほうと》として定め、迷《まよ》わず進んだことが真実であった」ということだと思います。

そのときは、まだ、信《しん》ずる人もそれほどいませんでした。天上界《てんじょうかい》から降《お》りてくる悟りの言葉、啓示《けいじ》とも言っていい言葉がわが身に臨《のぞ》んでも、それを信ずる人は、まだ、とても少なかったと思います。

しかし、戦《たたか》いは着実に進んできました。なぜならば、人々の心に、私《わたくし》は訴《うった》えかけ続《つづ》けてきたからです。

そして、いつも述べていたのは、「事実は事実、真実は真実」「真実は死なない」という言葉です。

嘘《うそ》や偽《いつわ》りなら、さまざまな批《ひ》判《はん》、非《ひ》難《なん》、攻撃《こうげき》に敗《やぶ》れ去るでしょう。しかしながら、真実は、たとえどのような批判を受けても、逆風《ぎゃくふう》を受けても、前に進んでいくものです。

私は、この人生で、そうした「正しさ」というものが、人生の道を開き、大きな「発展《はってん》」への原動力になるということを示《しめ》したつもりです。

2 「大きな政府《せいふ》」は必《かなら》ず国民《こくみん》の堕落《だらく》を招《まね》く

本章の章題は「繁栄《はんえい》への大戦略《だいせんりゃく》」です。このテーマから言うと、本来は、日本の国であれば、総理大臣《そうりだいじん》が語るべき内容《ないよう》でしょう。また、全世界を対象《たいしょう》とするならば、これを語れる人は、おそらくいないはずです。

しかし、私は、そうした政治家《せいじか》に成《な》り代わって、この内容を述《の》べようとは思っていません。あくまでも、宗教家《しゅうきょうか》の立場で、「各人《かくじん》一人ひとりに戻《もど》ってくる考えとして、何を持つべきか」ということを訴《うった》えていきたいと思うのです。

今の日本の政権《せいけん》は、創造的《そうぞうてき》な政治を行《おこな》っていると私は思います。それは、かつての日本には見られなかったものです。少なくとも、ここ二十年ほどの日本ではなかったことです。

諸外国《しょがいこく》との摩擦《まさつ》も起きつつも、日本としては珍《めずら》しい、創造的な政治を、今、つくっているところだと考えています。

しかしながら、宗教の立場から、そして、一個人《こじん》それぞれの立場から政治を見るとするならば、違《ちが》う考え方で捉《とら》えなければならない点もあると思うのです。

それは何でしょうか。

国民《こくみん》の一人ひとりが、政府《せいふ》の大きな力に期待し、政府から与《あた》えられることに期待し、「この世の中の、さまざまな制度《せいど》や機構《きこう》、仕組み等をいじれば、未来《みらい》が明るくなっていく」と考えているとするならば、それは、各人の魂《たましい》の修行《しゅぎょう》としては、十分ではないということです。

もちろん、政治が優秀《ゆうしゅう》で、国の政策《せいさく》や国家戦略が的確《てきかく》で、未来を明るいものにしていくことに異議《いぎ》はありません。

されども、国民の側《がわ》として忘《わす》れてはならないことは、「大きな政府は、必《かなら》ずと言ってよいほど、国民の堕落《だらく》を招《まね》く」ということです。これは歴史《れきし》が証明《しょうめい》していることです。大きなものに頼《たよ》ろうとしすぎることは危険《きけん》です。

私たちは、その恩恵《おんけい》を十分に受けることはできます。しかし、そのなかに生きている一人ひとりが、判断《はんだん》ができて未来を考えることができる自立した個人として、自分を成長《せいちょう》させていかねばならないのです。

3　今、必要《ひつよう》とされる「内なる革命《かくめい》」とは

原点に立ち返り、「自分は何ができるか」を問う

「繁栄《はんえい》への大戦略《だいせんりゃく》」は、国家が立てればよいというものではありません。それ

を立てるのは、国家の構成員《こうせいいん》であるところの国民《こくみん》であるべきです。そのことを日本のみならず、全世界の人々に述《の》べたいのです。

どの国もおそらく、みなさんの期待を十分に満《み》たす政治《せいじ》は、行《おこな》っていないでしょう。どの国も、国民の期待に届《とど》いていない政治を行っています。それは事実です。

しかしながら、その政治の結果《けっか》は、あるいは、政治を担《にな》う者がつくっている国家戦略は、その国に住みたる国民の総意《そうい》の表れでもあるということを知っていなければなりません。国民一人ひとりの質《しつ》が落ちていったならば、その国がつくり出していく大きな国家戦略や、政治や経済《けいざい》、さまざまな仕組みも、また、中途半端《ちゅうとはんぱ》で物足りないものになるでしょう。

したがって、私が本章であえて述べたいことは、「原点に、もう一度、立ち返る」ということです。原点に立ち返って、「自分は何ができるか」ということを、自分自身に問うところに戻《もど》っていただきたいのです。

「人間とは何か」という問いに答えられるか？

今の日本の政府《せいふ》が、百点ではありませんが、よくやっているということは認《みと》めます。しかし、それに頼《たよ》って、十年、二十年、三十年と待っていてはならないのです。ほかの国においても同じです。国民の側《がわ》から、一人ひとりが、自分自身の「内なる革命《かくめい》」を起こさなければならないのです。

「内なる革命」とは何でしょうか。今、必要《ひつよう》とされている、自分の「内なる革命」「心のなかの革命」とは、いったい何でしょうか。

それは、「現代《げんだい》の科学文明が、進歩しつつある現代人の優《すぐ》れたる面である反面、大事な大事なものを忘《わす》れ去っている」ということに、もう一度、気がつくことだと思います。

十年、二十年と長く勉強して、よい大学を出て、よい会社に入ったり、いろいろな資格《しかく》を取ったりした立派《りっぱ》な人々が、日本にもたくさんいます。しかし、「そうした人々が、単純《たんじゅん》な真理さえ知らない」という事実には驚《おどろ》くばかりです。そして、「神は、死んだ。もう存在《そんざい》しない」、あるいは、「人間が神に成《な》り代われる」と思っているような人が、数多く生まれてきています。

確《たし》かに、二千年前、三千年前に比《くら》べたら、現代の知識人《ちしきじん》たちは、昔の人たちが決して手にすることができなかったような知識・情報《じょうほう》を手にしていることだと思います。それは、昔の人から見たら、まるで「神のごとき智慧《ちえ》」に見えることでしょう。

されども、「人間とは何であるか」という問いに答えることができず、「あなたは、どこから来て、どこへ去っていくのか」「あなたの人生の目的《もくてき》は、いったい何であるのか」という問いに答えることができないのであるならば、「優れたる人」とは、決して言うことはできないと思います。むしろ、さまざまな知識や情報、テクノロジーが、人々の目を曇《くも》らせ、真実を見えなくしていると言わざるをえません。

世界百億《おく》人に向かうとき、神仏《しんぶつ》は必《かなら》ずみなさんを見ている

二千年前、三千年前に、神がいて、仏《ほとけ》がいたならば、この、人口が増《ふ》えている「今」という時代に、みなさんを見ていないはずがないでしょう。絶対《ぜったい》にありえません。

私は、この仕事を始めたとき、「世界人類《じんるい》五十億《おく》人」に向けてのメッセージを発しました。それが、いつの間にか、「世界六十億人」という言葉に替《か》わりました。今は、「世界七十億人」という言葉を使っています。私の教えが届くより速《はや》い速度《そくど》で地球の人口は増えているのです。

これだけ大きな、百億に向かっていこうとしている人口を平和のうちに繁栄させ、幸福を持ち来たらすということは、どれほど難《むずか》しいことであるでしょうか。そして、そのことに対して、天上界《てんじょうかい》にいる、神、仏、諸如来《しょにょらい》・諸菩薩《しょぼさつ》、光の天使たちが、無関心《むかんしん》でいると思いますか。

4　「繁栄《はんえい》の息吹《いぶき》」を再《ふたた》び地に満《み》たすために

天からの命《めい》を受けて「何ができるか」を考えよ

今、日本は、豊《ゆた》かな生活を経験《けいけん》しています。アメリカもそうでしょう。その他の国もそれに続《つづ》いていると思います。しかし、世界にはまだ、十億《おく》人以上《いじょう》もの、貧《まず》しく飢《う》えている人たちが存在《そんざい》しています。この層《そう》は、もっと増《ふ》えていくでしょう。

また、この日本にあっても、「貧しい」といわれる層が二割《わり》を超《こ》えています。そのために、政府《せいふ》は、「何をなさねばならないか」というような対策《たいさく》を、今、一《いっ》生懸命《しょうけんめい》、練《ね》っていることだと思います。

しかし、甘《あま》えてはなりません。ここで甘えて、「大きな政府」にぶら下がるようになっていけば、この国は時代を下《くだ》っていくことになります。かつて繁栄《はんえい》した国がそうなったように、下りに向かっていくことになるのです。

今、心を入れ替《か》え、立て直し、もう一度、力強い「繁栄の息吹《いぶき》」をこの地上に満《み》ち満ちさせることが大事です。

そのためには、どうしたらよいのでしょうか。

天からの命《めい》は、すでに下《くだ》りました。「この地上において、神の国をつくれ。仏《ほとけ》の国をつくれ。仏国土《ぶっこくど》ユートピアをつくれ」という命は、すでに下されています。

これを信《しん》じる人たちは、「この言葉を受けて、何をすることができるであろうか」ということを考えねばなりません。

地上に「神の国」をつくるために一人ひとりができること

①「謙虚《けんきょ》であること」と「正しき心の探究《たんきゅう》」

まず、みなさんに、私《わたくし》がお願《ねが》いしたいことの一つは、「どうか謙虚《けんきょ》であってほしい」ということです。

現代《げんだい》の人たちは、人間として、過去《かこ》に生きた人たちよりも、はるかに数多くのことを知っています。そして、「神の領域《りょういき》」といわれるところにまで、さまざまな研究が進んできています。それと同時に、また、「見失《みうしな》っているものもあるのだ」ということを知らねばなりません。

勉強が進めば進むほど、人間の魂《たましい》の機能《きのう》が、「脳《のう》の作用である」とか、「神経の作用である」とか思うようになっていくのであれば、とてもさみしいことです。そのような人たちが、この世の中を率《ひき》いていると思うと、私はとても悲しい気持ちでいっぱいになります。

したがって、リーダーになっていく人たちは、どうか、「天の声を素直《すなお》に受け取って、この地上にその願いを打ち立てよう」と思う人々であってほしいと思うのです。それは、別《べつ》な言葉で言えば、「正しき心の探究《たんきゅう》」であり、「正しき心の樹《じゅ》立《りつ》」です。

②「忍耐《にんたい》」と「努力《どりょく》」によって各人《かくじん》が魂《たましい》を光らせる

そして、その次にしなければならないことは、実に実に平凡《へいぼん》で当たり前で、長く長く言い続けてこられた内容《ないよう》を含《ふく》んでいるものです。

それは何でしょうか。私は、ここで、「人間がこの世において、成功《せいこう》し、幸福になり、繁栄していくためには、忍耐《にんたい》と努力《どりょく》が要《い》るのだ」という、ごく単純《たんじゅん》な事実を、もう一度、確認《かくにん》しておきたいのです。

幸福の科学では、二〇一四年は、『忍耐の法《ほう》』（幸福の科学出版刊《しゅっぱんかん》）という本を中心にして活動をしてきました。みなさんがいくら努力をしても、なかなか前に進まない時代ではあろうと思います。

しかし、「この忍耐の時代は、決して、人生において無駄《むだ》なものにはならない。忍耐の時代こそ、みなさんが本物であるかどうかを試《ため》す時期でもあるのだ」と思うのです。

人間が成功するのは、その人の才能が一流であるからだけではありません。歴《れき》史《し》上、成功した数多くの人々は、才能においては一流ではなかった人々です。才能においては一流ではなかったけれども、忍耐を重ね、努力・精進《しょうじん》を忘《わす》れなかった人々が、次々と困難《こんなん》を乗り越《こ》えて、人類史《じんるいし》に偉大《いだい》な一歩を築《きず》いてきたのです。自分の能力が十分でないこと、自分が才能に溢《あふ》れていないことを、どうか悔《く》やまないでください。それこそが、みなさんが今世《こんぜ》、この地上において、大きな魂《たましい》となって発展《はってん》していくために与《あた》えられている期待であり、機会でもあるのです。

みなさんが、もし、「自分は超《ちょう》一流の才能を持っている」と考えるならば、「かつても、そうした人々は数多くいた」ということを、私は伝《つた》えておきたいと思います。

しかし、「自分が超一流の才能を持っている」と思っているような人は、得《え》てして、努力を厭《いと》います。要領《ようりょう》よく生きていくことを考えます。忍耐をせずに、飽《あ》きっぽい人生を生きます。簡単《かんたん》に結論《けつろん》が出ることを求《もと》めます。信仰《しんこう》においても、奇跡《きせき》が直《ただ》ちに起きることを求めます。

しかしながら、私は、天上界《てんじょうかい》の指導霊《しどうれい》たちの総意《そうい》を受けて、今、みなさんに伝えます。

天上界の人々は、一人ひとりの願いが、一気に、ただいま、叶《かな》うことばかりを望《のぞ》んでいるわけではありません。この地上における数十年の人生のなかで、忍耐と努力によって各人《かくじん》が魂を光らせつつ、実績《じっせき》を積《つ》み重ね、成功への道を歩むことを、心の底《そこ》より願っているのです。

世界を「独裁《どくさい》」や「専制《せんせい》」から守るのは「自立した個人《こじん》」

天上界の人々は、すぐ近くまで来て、みなさんに、「行くべき方向はこちらである」ということをアドバイスしています。

しかし、「耐《た》え忍《しの》び、努力し抜《ぬ》き、成果《せいか》を手に入れ、他の人々の幸福を願う」ということを実践《じっせん》するのは、一人ひとりの人生においてであり、それが各人の権《けん》利《り》でもあるのです。

「すべてが与えられることを望むのではなく、この世に生まれし幸福を、自《みずか》ら少しなりとも他の人々に分け与えるような人生を歩んでほしい」と私は思います。

世界規模《きぼ》では、大きな問題はあるでしょう。「戦争《せんそう》と平和」の問題も、「平和と繁栄との関係《かんけい》」の問題もあります。大きな大きな問題です。個人《こじん》ではどうにもならないものだと思います。

しかしながら、私たちが、今、注意しなければならないことは、七十億人になりなんとする、この世界人口のなかで、間違《まちが》った独裁者《どくさい》や専制者《せんせい》のような人が出てきて、多くの人々を間違った方向に導《みちび》いていかないようにすることなのです。

そのためには、今述《の》べたように、自立した一人ひとり、個人個人の「努力・精進と忍耐」「学習を続ける態度《たいど》」が求められるし、そうした人を数多くつくれた国が、世界を守るのです。

5　正しい智慧《ちえ》が繁栄《はんえい》への道を開く

「正しい認識《にんしき》」を持ってください。

「正邪《せいじゃ》を分ける智慧《ちえ》」を持ってください。

そうした人が出てこなければ、世界を正しい方向に導《みちび》いていくことはできません。

そのような人を数多くつくっていかなければ、繁栄《はんえい》への道は開けていかないのです。

今、たった一人の人が、世界を幸福にすることはできません。

一人ひとりの人たちに、アドバイスをすることはできますが、それは、「各人《かくじん》が、自《みずか》らつかみ取っていく幸福であるのだ」ということを、どうか忘《わす》れないでほしいと思います。

「大きな政府《せいふ》」に頼《たよ》るのではなく、各人一人ひとりが、人間としての質《しつ》を上げなければなりません。

そして、各人の協力《きょうりょく》する力が、そのネットワークや組織《そしき》が、大きな大きな流れをつくって国を高め、この国を平和で繁栄する国にしていくのです。

また、野心を持った国が現《あらわ》れたならば、その国の人々に対しても、「正しい道とは何であるか」ということを、きっちりと教えることが大事です。

自分たちが実践《じっせん》していればこそ、それを教えることができるのです。

心が平和であり、精進《しょうじん》のために、日々、忍耐《にんたい》のなかを生きている人たちに対して、どのような悪口雑言《あっこうぞうごん》、悪口《わるぐち》や批判《ひはん》を浴《あ》びせかけても、その批判は、批判をした人たちのほうへ返っていきます。

真理とは、そのようになっているのです。

真理とは鏡《かがみ》です。

鏡に映《うつ》っているのは、他人ではなくて、自分自身の姿《すがた》であり、自分たちの国の姿でもあるのです。


正しくありなさい。

正しき者は強くありなさい。

正しき者は善良《ぜんりょう》でありなさい。

正しき者は繁栄しなさい。

繁栄のなかに、未来《みらい》の平和を構築《こうちく》しなさい。

みなさんに期待しています。

どうか、共《とも》に力を携《たずさ》えて、
新しい「未来の時代」を建設《けんせつ》してまいりましょう。

第2章 知《ち》的《てき》生《せい》産《さん》の秘《ひ》訣《けつ》

付《ふ》加《か》価《か》値《ち》を生む「勉強や仕事の仕方」とは

1　「知的生産《ちてきせいさん》」は、「知的な生活」とどう違《ちが》うか

「価値《かち》あるもの」を、この世に生み出せるかどうか

私は、二〇一〇年には、年に二百二十九回もの説法《せっぽう》を行い、翌《よく》二〇一一年には、選挙《せんきょ》の応援演説《おうえんえんぜつ》がなかった関係《かんけい》で少し減《へ》りはしたものの、二百十六回もの説法を行いました。それ以降《いこう》も、毎年、同程度《どうていど》の回数の説法を行い、書物も数多く出して、「知的生産《ちてきせいさん》」を続《つづ》けています（注。発刊した著書は、二〇一四年十二月末時点で千八百冊に達した）。

本章のテーマは「知的生産の秘訣《ひけつ》」ですが、非常《ひじょう》に大事な話です。

このテーマで述《の》べると、本で言えば、おそらく、二、三冊《さつ》ぐらいないと終わら

ないほどの内容《ないよう》になるのですが、それを全部、一挙《いっきょ》に出してしまうのは興《きょう》ざめなので、とりあえず、一章分ぐらいを述べることにします。

また、かつても似《に》たようなテーマについて、折々《おりおり》に少しずつ述べたことはあるかと思います。

私のように、一年中、講演《こうえん》等、いろいろな説法をし、書物もたくさん出し、そのほかにも、さまざまな考えを練《ね》って仕事をし、教団《きょうだん》等を運営《うんえい》している者にとっては、「知的な生産」というのは非常に大事なことです。

「知的な生活」そのものは、本を読んだり、いろいろな勉強をしたりする時間帯《たい》を生活に織《お》り込《こ》むことで、可能《かのう》になるとは思うのですが、「知的生産」になると、それだけでは駄目《だめ》であり、要するに、何かを生み出さなくてはいけないのです。「生産物を生み出す」という意味で、それには「生産性《せい》」が必要《ひつよう》です。

別《べつ》の言葉で言えば、「価値《かち》あるもの」をこの世に生み出すわけなので、「付加《ふか》価値を生み出さなければいけない」ということです。

「勉強しているだけでよい」というのは、知的生産までは至《いた》っていないのです。受験《じゅけん》勉強も、いちおう勉強ですが、テストを受けて点を取るだけであり、「生産」をしているかどうかは、何とも言えないところです。「確認《かくにん》」はしているかもしれませんが、「生産」までは至っていないかもしれません。

ただ、「テストの問題をつくる」というようなことになると、かすかなりとも知的生産のほうに回っているとは言えるかもしれません。

「生産物《せいさんぶつ》を生み出す知的《ちてき》生活」の難度《なんど》は高い

強制《きょうせい》的にというか、「受動的に、受け身でさせられる勉強」と、「生産物《せいさんぶつ》を生み出していくための勉強」、その意味での、「知的《ちてき》生産を伴《ともな》う能動的な生活」とでは、違《ちが》いがあります。

「どちらのほうが、値打《ねう》ちが高いか」ということについては、もちろん、一概《いちがい》には言えないものもあるのですが、後者の「能動的知的生活」「生産物を生み出す知的生活」のほうは、「プロフェッショナル」といわれる人のものであって、難度《なんど》が高いことは事実です。

ただ、「どちらが幸福感が高いか」ということについては、何とも言いがたいものはあります。

本など書かず、何も話をしなくても、高度に知的な老人《ろうじん》のように、「引退《いんたい》し、名著《めいちょ》を読んで過《す》ごせる」というのも、なかなか幸福なことであろうと私も思います し、若《わか》いころから、それに憧《あこが》れる面はけっこうあるのです。

しかし、そういう生活をなかなか許《ゆる》してくださらないものがあって、自分が勉強したものを何か世の中に還元《かんげん》していかなくてはなりません。「それを自分一人のものにしておく」ということは、だんだん許されなくなってくるのです。

勉強というものも、自分一人分の仕事や生活のためだけの勉強でよい人にはそれほど責任《せきにん》はないのですが、勉強を一定以上続けて、その知的な充実感《じゅうじつかん》が、多くの人々のために役立たなければならないレベルに達《たっ》した場合には、それは「公的なもの」に転じていかなくてはなりません。

そのため、何らかのかたちで、自分の考えを発表したり、意見を言ったりしていかなければならないのです。

そのレベルには、「プロフェッショナル」なレベルから「素人《しろうと》」のレベルまで、いろいろと段階《だんかい》はあろうと思います。

それに関しては、単《たん》に「勉強法《ほう》」ということを超《こ》えて、何らかの技術《ぎじゅつ》が、さらに加《くわ》わらなければならないわけです。

世の中には、本を読んだりする人はたくさんいますし、情報《じょうほう》を集めている人もたくさんいます。また、テレビを観《み》てもインターネットを見ても、情報を取ることはできますし、携帯《けいたい》であろうと何であろうと、情報は取れます。

しかし、受け身のかたちでその情報を取るだけであっては、それは単なる消費《しょうひ》にしかすぎませんし、「人の話を聞いているだけ」ということになります。

そういうかたちではなく、「これを自分のものとしてつくり直し、煮詰《につ》め、考えを出していく」ということになると、それなりの技術と経験《けいけん》、智慧《ちえ》のようなものが乗ってこなければいけないことになるのです。

2 「哲学者《てつがくしゃ》カントの生活習慣《しゅうかん》」に学ぶ

一生涯《いっしょうがい》、「規則《きそく》正しい生活習慣《しゅうかん》」を維持《いじ》したカント

本章の冒頭《ぼうとう》で、私の説法《せっぽう》回数の話をしました。

ただ、先般《せんぱん》、カントの哲学《てつがく》の本を少し読んでいたら、「カントは、週に二十回、講義《こうぎ》をした時期がある」と書いてあるのを見て、さすがにギクッとしました。

あの人の講義の内容《ないよう》はけっこう難《むずか》しいので、「ああいう難しい内容で、週に二十回も講義ができたのかあ」と思うと、さすがに驚《おどろ》いたのです。

もしかしたら、長期の休みが入っているかもしれないので、何とも言えませんが、もし休みなしで週に二十回だったら、「年に千回」ということなので、これは大変《たいへん》なことになります。

年に千回、講義をし、それであの年まで生きたとしたら（注。カントは満《まん》七十九歳《さい》で没《ぼっ》した）、ものすごい量《りょう》の知的生産《ちてきせいさん》を伴《ともな》うはずですが、それほどまでには至《いた》っていないので、ある程度《ていど》、学生への講義のようなものの繰《く》り返しの面もあったのではないかと思います。

生活の面から見て、なかなか追いつけないものはありますが、カントの早起き、朝の五時起きは有名な話です。夏でも冬でも朝の五時には起きて、紅茶《こうちゃ》だけを飲んでいました。要するに、重い食事を取ると頭が働《はたら》かないので、紅茶を飲んで勉強や仕事を始めていたのです。

そして、二時間ほど、勉強したり、講義案《あん》をつくったりするような時間を取って、朝の七時から自宅《じたく》で授業《じゅぎょう》をしていました。

私は、幸福の科学の教祖殿《きょうそでん》である大悟館《たいごかん》でもよく説法をしているので、少し似《に》ているのですが、カントは、大学まで行って授業をするのではなく、自宅で朝の七時から授業をするのです。

「学生がカントの自宅に通ってくる」というかたちで、七時から八時くらいまで、だいたい一時間以上《いじょう》、授業を行いました。そのパターンをずっと守っていたのです。

カントは、僕《しもべ》というか、侍従《じじゅう》のような年寄《としよ》りを雇《やと》っていましたが、その人に五時前に起こさせていました。カントは、すぐに起きることを嫌《いや》がるのですが、起こさなかったら、あとでご主人様にものすごく怒《おこ》られるので、その人は必死《ひっし》になって起こしたのです。

カントは五時起きをして、二時間ほど、勉強したり、講義の準備《じゅんび》をしたり、ときには執筆《しっぴつ》したりして、そのあと、朝一番に授業をし、大学教授としての使命の部分を終え、余力《よりょく》があれば、昼まで執筆したりしていたと思います。

お昼には、知的会話ができる友人などを呼《よ》んで、わりに長い時間、三時間ぐらいかけて昼食を取りました。ワインが入ることもあったようです。

そして、午後には、いつも同じ時刻《じこく》にステッキをついて散歩《さんぽ》に出かけていました。

こういう生活を、カントは、ケーニヒスベルクという、ドイツの一田舎町《いちいなかまち》で送り、一生《いっしょう》、そこから出たことがないと言われています。まことに不思議《ふしぎ》ですが、旅行もせず、そこから出ないで、一生、散歩だけをし、書籍《しょせき》を相手にして過《す》ごした方なのです。

「旅行をすると生活が不規則《ふきそく》になる」ということもあろうと思いますが、「本を持っていけない」ということもあったのかもしれません。

カントは、毎朝五時に起きていましたし、「午後、カントが散歩に出かけると、近所の人が、それをもとに時計の時間を合わせた」という話が遺《のこ》っているほど、彼は時間に正確《せいかく》な方でした。

夕食は取らないことが多かったようなので、「一日一食」に近かったかもしれません。軽く取る場合もあったかもしれませんが、昼食が重く、それで、だいたい栄養《えいよう》を摂《と》っていたようですし、その間《あいだ》に、いろいろな人を呼んで、知的会話もしていたようです。

夜は勉強をし、十時に消灯《しょうとう》。そして、朝五時には起きていました。

カントは、こういうパターンを延々《えんえん》と繰り返していたらしいのです。

知的生産《ちてきせいさん》に必要《ひつよう》なのは「ある程度《ていど》の知的な蓄積《ちくせき》と熟成《じゅくせい》」

カントには、若《わか》いころの著作《ちょさく》がそれほどないのですが、五十代後半ぐらいから著作が次々と出てき始め、五十代、六十代で、大著《たいちょ》が数多く出ました。

これは、まことに珍《めずら》しいケースです。普通《ふつう》は、もう少し若いうちに本が書け、年を取るとだんだん書けなくなるのですが、カントの場合には、年を取ってから、大著がどんどん出てきたのです。

その理由としては、「規則正しい生活をし、知的《ちてき》な蓄積《ちくせき》を続《つづ》けていった」という生活習慣《しゅうかん》があります。

特《とく》に文科系《けい》の場合には、「知的な蓄積」ということが非常《ひじょう》に大事なのです。ある程度《ていど》の「知的な蓄積」と、チーズのような「熟成《じゅくせい》」が必要《ひつよう》であり、知識《ちしき》をそのまま右から左に流しただけでは、大した内容を生まないのです。学んだことを寝《ね》かせていくうちに、熟成してきて「智慧《ちえ》」に変《か》わってくるものがあります。

勉強を続け、学んだことのなかには、無駄《むだ》なもの、〝ガラクタ〟の知識の部分と、残《のこ》っていく〝砂金《さきん》〟の部分とがあるので、時間をかけて勉強していくうちに、だんだん、〝砂金〟の部分を残し、多くの砂金を合わせて、〝金の塊《かたまり》〟というか、金細工《きんざいく》の彫刻《ちょうこく》のようなものをつくり出していく努力《どりょく》が要《い》るのです。

カントは、そういうことをやっていたわけです。

習慣《しゅうかん》を身につけるには「強度の意志力《いしりょく》」と「克己心《こっきしん》の持続《じぞく》」が要《い》る

今、カントの生活をまねできる人は多いとは思いませんが、カントの生活に学ぶべきものは、幾《いく》つかあると思います。

一つ言えることは、「知的生活の習慣化《しゅうかん》に成功《せいこう》しなければ、知的生産物《せいさんぶつ》をつくり続けることは難しい」ということです。

私は、五年以上、会社生活をしたことがあるので、これが分かります。会社勤《づと》めをしていると、イレギュラーなことがたくさん起きるため、時間や生活に関《かん》して自分の自由にならないことが、けっこう多くあります。

いわゆる「俗世《ぞくせ》」のレベルでは、単《たん》なる「仕事での残業《ざんぎょう》」だけならまだしも、「付《つ》き合い」というものがそうとうあり、お酒を飲まされたり、歌を歌わされたりしますし、休日にも、クラブのようなもので呼び出され、「出てこい」と言われることもあったりします。付き合いは、なかなか厳《きび》しいものです。

したがって、知的生産を伴うところまで、自分の習慣をつくり上げるのは、非常に難しいことであり、「強度の意志力《いしりょく》」と、習慣を身につけるまでの「克己心《こっきしん》の持続《じぞく》」が必要《ひつよう》になってくると思います。

３　一日の二十四時間を、いかに生きるか

「一日に知的《ちてき》時間を九十分つくり出せ」と主張《しゅちょう》したアーノルド・ベネット

なかなかカントほどには行かない人も多いとは思うのですが、その場合には、「一日のうちに、どうやって時間を取り出すか」というようなことに集中することが大事です。

これについては、今から百年ほど前のイギリス人ですが、アーノルド・ベネット（一八六七～一九三一）という作家が語っています。

この人は、「一日の二十四時間を、いかに生きるか」ということを言っていま

すが、それは、「一日の過《す》ごし方で決まる」ということです。

私も、この人の考えをそうとう参考《さんこう》にしている部分はあるのですが、その主張《しゅちょう》を一点で言えば、「とにかく、一日に九十分をつくり出せ」ということです。

この人は、「いろいろなことがたくさんあるから、大変《たいへん》だとは思うが、一日に九十分ぐらいを、知的《ちてき》時間としてつくり出さなくては駄目《だめ》だ」と言っています。

それは、仕事をしている大人の場合であり、学生のように、一日中勉強できる人の場合とは少し違《ちが》いますが、「一日に九十分をつくり出すことができたら、何年かすると、大変な結果《けっか》を生み出せる。一つの分野で一日に九十分を費《つい》やしたら、何年かすれば、例《たと》えば、三年なら三年もすれば、それについての専門家《せんもんか》になれる」というようなことを、彼は言っているわけです。

新聞等で「雑情報《ざつじょうほう》」を集めることは時間の浪費《ろうひ》

しかし、その九十分をつくり出すには、やはり、そうとうの努力《どりょく》と克己心《こっきしん》が要《い》ります。

ベネットがロンドン市民《しみん》を見ていると、会社に勤《つと》めている人たちは、朝から満《まん》員《いん》電車に乗っていきます。それも、できるだけ先頭に近い車両に乗って、一分でも早く会社に着こうとするため、車内で、ギュウギュウ詰《づ》めになります。そして、そのなかでは、たいてい新聞程度《ていど》しか読んでいないのです。

このように、多くの人が朝から新聞を読んでいるわけですが、新聞というものは〝死骸《しがい》の山〟です。

新聞には、前日に起きた事件《じけん》などについて、「ああでもない」「こうでもない」と、たくさん書いてあるのですが、その日の夕方になったら、誰《だれ》ももう読みはしないような、捨《す》てられる内容《ないよう》です。それを、人々は一生懸命《いっしょうけんめい》読んでいるのです。電車や汽車のなかで、一時間、あるいは、それ以上《いじょう》の時間を、新聞を読むことに使い、そのくたびれた頭で会社へ行き、おっくうに仕事を始める。そういうことをやっているわけです。

そういう新聞への警告《けいこく》を、彼は百年以上前にしているのですが、今だと、対象《たいしょう》はもっと多いのです。新聞のあとはラジオが流行《はや》りましたし、そのあとはテレビです。今だと、携帯《けいたい》電話やインターネットなど、いろいろなものからも、「雑情《ざつじょう》報《ほう》」がたくさん入ってきます。

このなかには情報として使えるものもあるのですが、どちらかといえば、時間の浪費《ろうひ》をしている面もかなりあるので、このへんについては、努力して選《よ》り分けていく勇気《ゆうき》がないと駄目です。

そして、「どうやって、一日に九十分ぐらい、一時間半ぐらい、時間をつくっていくか」ということを考えなくてはなりません。

「もし、平日で、どうしても避《さ》けられない付《つ》き合いがあったりして、その九十分が取れない場合には、休日に、心を鬼《おに》にして時間をつくり出し、その分を取り返さなくてはいけない」ということを、彼は言っています。

私は商社マンをしていたので、これについても、実によく分かります。

商社マンには高学歴《こうがくれき》の人が多いですし、会社に入るころには、英語《えいご》などがいちおうできる人はもちろん多いのですが、入社後、付き合いの時間が長くなってくるので、知的なレベルはだんだん下がっていく傾向《けいこう》があります。

そして、「高度な本や内容のある本を読み続《つづ》ける」ということは、よほど根気《こんき》がないと、あるいは意志《いし》の力が強くないと、できなくなります。

東大を卒業《そつぎょう》して海外生活が長い、「エリート」といわれるような人であっても、だいたい、週刊誌《しゅうかんし》等を読む以外には、推理小説《すいりしょうせつ》を月に二冊《さつ》ぐらい読んでいる程度が平均《へいきん》になっていく傾向があって、客観《きゃっかん》的に言うと、「もう知的ではなくなっていく」ということが言えると思います。

それはそうです。忙《いそが》しいため、頭が麻痺《まひ》してきているので、もう「重いもの」は読めず、「軽いもの」「ちょっとしたもの」ぐらいしか読めなくなるのです。

新聞を読むぐらいが唯一《ゆいいつ》の知的な刺激《しげき》ではないかと思います。

新聞は、どのように読めばよいのか

ただ、新聞は、バカにしたものではありません。じっくり読めば、かなり時間がかかりますし、「新聞には、だいたい新書《しんしょ》で二冊分ぐらいの情報量《りょう》は入っている」と言われています。

ただ、大事なことは、「新聞のなかで、全部が自分に必要《ひつよう》な情報ばかりではない」ということです。

朝から新書二冊分の情報を読むと、やはり頭がそうとう疲《つか》れるので、新聞全体で同じような読み方をしていたら、一日の仕事のエネルギー能力《のうりょく》が、かなり費《つい》やされてしまうことは事実でしょう。

そうならないためには、「新聞全体のなかから、自分に必要な情報のあるところを選《よ》り出し、そこについては精読《せいどく》するけれども、それ以外のところについては、アバウトにつかんでいく」ということが大事です。

また、週刊誌などにも、もちろん、情報源《げん》として大事な面もありますし、時事的なものに関《かん》しては、週刊誌でないと分からないようなものも、あることはあるのですが、これについても、やはり、大事な情報のところは読んでも、それ以外のところについては、ある程度、時間を使いすぎないようにしなければいけないと思います。

「朝から新聞を読むと、くたびれるよ」というようなアドバイスは、もう百年以上前から言われていることなので、私は、それを十分に分かってはいましたが、やはり、いまだに新聞を読み続けています。

ベネットその人も、一日に何紙も読んでいることを白状《はくじょう》していますが、彼は朝の時間を避けていたようです。昼以降《いこう》にしたのかもしれません。

ニュースには、どうしても、悪いニュースも多いので、「読むと頭が疲れる」ということは、あるのかもしれません。

4 「経済的自由《けいざいてきじゆう》」が「知的な独立《ちてきなどくりつ》」を生む

本当の「知的《ちてき》な喜《よろこ》び」を忘《わす》れている現代《げんだい》の人々

今はインターネットが流行《はや》っており、それを使って情報《じょうほう》を取っている人は多いでしょうし、何かを調べるのも簡単《かんたん》なので、いろいろな情報が入るのだとは思います。また、素人《しろうと》でも情報を発信《はっしん》できる時代になっていますし、書き手と読み手が多数になってきています。

そういう意味では、「知識《ちしき》社会の民衆化《みんしゅう》」というか、「知識における民主主義《みんしゅしゅぎ》化」が進んでいるのだろうと思います。

これは、よいことであろうとは思うのですが、その一方、「専門的《せんもんてき》なところまで勉強したりするには、やや軽くなっている傾向《けいこう》があることは否《いな》めない」と感じています。

これは、やはり、「知識情報の選択《せんたく》」の部分だと思うのです。

さらに、今は、「紙の書籍《しょせき》は、もうすぐなくなる」というような脅《おど》しも、そうとう流行っていて、「誰《だれ》もが、紙ではなく〝電気〟で書かれた本を読むだけになる」というようなことが、ずいぶん言われています。

これも、知識における民主主義化として、「多くの人が、手軽に本を読め、いろいろな知識を手に入れられるようになる」という意味では、よいことかと思います。

しかし、一方では、「本当の意味での知的な喜《よろこ》びや充実感《じゅうじつ》」を知らない人が増《ふ》えてくることも事実ではないかと、私は思います。

今の私たちであっても味わえないような「味わい」を、昔の人は味わっていたこともあるわけです。

私は、本に関《かん》しては、できるだけ装丁《そうてい》のよいものを集めています。そういう本を読むときにはリッチな気分になりますし、ちゃちな本を買うと、繰《く》り返し読むのに耐《た》えられないことが多いので、晩年《ばんねん》にも読むつもりで、できるだけ、よい装丁の本を買っています。

しかし、それでも、まだレベルは低《ひく》いのです。

昔の本だと、ページがすべて袋《ふくろ》とじになっていたので、昔の人たちは、本を読むとき、ペーパーナイフでページの袋とじをピッと破《やぶ》りながら読んでいました。これは、そうとうな味わいだっただろうと思います。この気分は、今は味わえません。「一ページ一ページ、ページを開《あ》けながら読んでいく」というのは、さぞ気持ちがよかったでしょう。

特《とく》に、内容《ないよう》があるような本だったら、「人類《じんるい》のなかで、自分が初《はじ》めてそのページの袋とじを切って読む」ということは高級な喜びでしょうが、この高級な喜びは、今では、私であっても、もう味わえないようになっているので、とても残念《ざんねん》です。

今あるのは、週刊誌《しゅうかんし》の袋とじぐらいです。何か、いやらしい内容のときには袋とじになっていて、それをピッと破らないと、なかを見られないのです。そんなものではなく、「きちんとした内容のある本を、一ページずつ、袋とじを開けて読んでいた」というのは、非常《ひじょう》に高級な喜びであっただろうと思います。
それはきっと、館《やかた》を持ち、きちんとした書斎《しょさい》がある貴族《きぞく》たちなどの楽しみだったのでしょうし、インテリも数が少なかったのでしょう。そういう楽しみは、もう今では手に入れることができなくなりました。

私有財産《しゆうざいさん》は、「知的生産者《ちてきせいさんしゃ》」にとって非常《ひじょう》に大事な〝武器《ぶき》〟

ここで私が何を述《の》べようとしているかというと、「知識的《てき》なものでの民主主義化が進み、非常《ひじょう》に便利《べんり》な世の中になって、今、一定以上《いじょう》のレベルの人が数多く出ていることは、よいことである。しかし、知的生産者《せいさんしゃ》になるためには、残念ながら、現代《げんだい》においては、ある程度《ていど》、自由になる個人財産《こじんざいさん》も必要《ひつよう》なのだ」ということです。
ところが、昔の人たちは、これとは正反対のことをたくさん言っています。

インドの哲学《てつがく》には、耳学問だけで、「口から口へ」と伝《つた》えられたことを聴《き》き、全部を暗唱《あんしょう》したりするものもあります。『ウパニシャッド』など、ああいう古代の哲学書も、みな口承《こうしょう》であり、口で伝えられて丸暗記したものです。

そういうことはありますが、今は、「知的生活者」から「知的生産者」に向かおうとすれば、やはり、ある程度、「個人で自由になる資産《しさん》」を持っていなくてはいけません。その意味で、私有《しゆう》財産は、「知的生産者」にとっては非常に大事な〝武器《ぶき》〟になります。

知的生活のところを護《まも》ろうとしたら、社会主義や共産《きょうさん》主義など、個人的な資産を認《みと》めないような思想には、やはり警戒心《けいかいしん》を持たなければいけません。

そういう思想の下《もと》では、結局《けっきょく》、「人民は何も知らんでもよろしい。共産党《とう》の幹《かん》部《ぶ》エリートだけが指導方針《しどうほうしん》を出し、人々は、みな、それを読んでいればよいのだ」というようなことになります。

あるいは、かつての中国のように、「誰もが赤い表紙の『毛沢東語録《もうたくとうごろく》』を持ち、それさえ読んでいれば十分だ」というようなレベルに落とされるのです。

それでよいのだったら、個人的な資産を認めないような思想でもよいかもしれません。

しかし、「自由に気兼《きが》ねなく勉強でき、誰からも弾圧《だんあつ》されない」ということには、その底《そこ》に、「経済的自由《けいざいじゆう》」というものが必要です。「知的自由」を護るには、やはり、ある程度、「自由になる個人的な財産」を持っていることが大事であり、ここまで取られると、厳《きび》しくなるのです。

昔は、外国の貴族の家は大きな屋敷《やしき》でした。映画《えいが》にもよく出てきますが、イギリスの貴族などは、大きな屋敷を持ち、それをそのまま大地主《おおじぬし》として引き継《つ》げたのでしょう。そういうところでは、財産を減《へ》らすことなく受け継ぐことができたので、知的階級は存在《そんざい》することができたのです。

ところが、日本では、だいたい三代続《つづ》くと、初代《しょだい》が稼《かせ》いだお金はゼロになるように、税制《ぜいせい》ではなっています。完全《かんぜん》に財産がなくなるのです。

この典型《てんけい》的な例《れい》が、皇后《こうごう》になられた正田美智子《しょうだみちこ》さまのご実家です。東京の池田山《いけだやま》という所では、「正田家がある」ということが、高級住宅街《じゅうたくがい》としての自信のもとだったのですが、皇后陛下《へいか》の父親が亡《な》くなられたあと、皇后陛下の兄弟たちは、相続《そうぞく》税を払《はら》うために、自宅を物納《ぶつのう》しなければなりませんでした。

皇后陛下の兄は日銀《にちぎん》（日本銀行）に勤《つと》められ、弟は、旧興銀《きゅうこうぎん》（日本興業銀行）を経《へ》て、日清製粉《にっしんせいふん》の社長をされたと思います。ある程度の財産家であったにもかかわらず、「相続税が払えない」ということで、物納をしなくてはいけなくなったのです。

皇后陛下のご実家は、物納されたあと取り壊《こわ》され、そこは今、ささやかな、つまらない感じの公園になっていますが、ほんの小さなもので、子供《こども》が遊ぶには足りないような公園です。むしろ、手入れをしたりして費用《ひよう》がかかっているのではないかと、私は思います。

そういう意味で、知的自由を奪《うば》うことにつながる、個人の経済的自由のところを圧迫《あっぱく》する考え方には、私は基本《きほん》的にあまり賛成《さんせい》していません。「それは、人間が隷属《れいぞく》させられる道だ」と思っているからです。

昔であれば、「清貧《せいひん》の思想」でもよかったかもしれないと思うのですが、現代では、そうではなく、「ある程度、知的な独立《どくりつ》、インディペンデンスがないと駄目《だめ》だ」ということです。

5　「知的時間《ちてきじかん》」をつくり出すための心掛《こころが》け

「どうでもよい付《つ》き合い」は、できるだけ切っていく

会社員には、なかなか知的生産《ちてきせいさん》が伴《ともな》いませんが、その理由は、会社が一種《いっしゅ》の〝村〟になっていて抜《ぬ》けられないからです。他の人とは違《ちが》った行動をしていると、どうしても、「付《つ》き合いが悪い」など、いろいろと悪評判《あくひょうばん》を立てられ、義理《ぎり》から逃《に》げられないこともあるのです。

しかし、知的生産を伴う活動をしようとすると、どうしても義理を欠《か》かなくてはいけないようになります。

私は、比較《ひかく》的若《わか》いうちに、これに気がつきました。どうしても逃げられないも

のについては、しかたがないのですが、それ以外《いがい》のところでは、欠くことのできる義理はできるだけ欠かないと、時間をつくり出すことは無理《むり》なのです。

私も、もともとは社交的な性格《せいかく》なのですが、「義理を欠く」ということを、かなり徹底《てってい》してやり始めて、無駄《むだ》なことはしないようにしてきています。そういう意味では、人付き合いが少し悪く見えていたようには思います。

前述《ぜんじゅつ》のアーノルド・ベネットの言う「一日に九十分を生み出す」というのは、サラリーマンなどにとっての考えですが、これは、よほど頑張《がんば》らないとできません。

付き合いには、「どうしても断《ことわ》れない筋《すじ》のもの」もあるかもしれませんが、「どうでもよいもの」もあります。「暇《ひま》だから、ただ会う」というようなものは、できるだけ切っていかなくてはなりません。「つまらない付き合い」を、できるだけ切っていくことが大事です。

アルコールが入ると、そのあと「知的《ちてき》活動」ができなくなる

私は、お酒を飲めないことはないのですが、基本《きほん》的には飲まないようになりました。

ただ、私の場合、「アルコールが入ると、そのあと知的《ちてき》活動ができなくなる」という理由により、そうしているのであって、お酒を飲んで盛《も》り上がり、それで活動を終えて寝《ね》てよいなら、お酒を飲んでも構《かま》わないと思います。「工場労働《ろうどう》者などが、一日の憂《う》さ晴らしで、酒を飲んで寝る」ということなら、それでもよいと思うのです。

しかし、「仕事のあと、帰って家で勉強をしたり、書き物をしたりする」というときには、かなり難《むずか》しいことになるので、やはり無理です。集中力が落ちて、本が読めませんし、原稿《げんこう》用紙に何かを書くことなど、とてもできません。

その意味でアルコール類《るい》をあまり飲まなくなっていったところが、私にはあります。

知的《ちてき》時間を毎日の生活のなかに「習慣化《しゅうかん》」する

知的《ちてき》時間をひねり出すのは、とても難しいことです。

今、カントのように、ちょっとひねた変人《へんじん》のような生活を送れる人は、それでもまだ自由ですし、大学教授《きょうじゅ》も、比較的、自由業に近い生活を送れるので、人と変《か》わっていても何も言われないところもあるのでしょう。

そのように、ある程度《ていど》、「習慣《しゅうかん》」をつくり出さなくてはなりません。

そのためには、「どうやって、勉強する時間をつくり、どうやって、生産物を生み出す時間をつくり出していくか」ということを、毎日の生活のなかに織《お》り込《こ》んでいくことが必要《ひつよう》です。これが基本です。

そういう習慣をつくれない人は、残念《ざんねん》ながら、知的生産者にはなれないのです。若いうちには、無理をして徹夜《てつや》で原稿を書き上げたりして、締《し》め切りに間に合うように頑張ったりする作家などもいますが、こういう人は、だいたい破滅型《はめつがた》になることが多く、長くは続《つづ》きません。脳《のう》あるいは体力を酷使《こくし》しすぎて、どこかで潰《つぶ》れることが多いのです。

極度《きょくど》な集中力を発揮《はっき》したり、極度のストレスがかかったりすると、「コウスティング（気晴らし）」の部分もないと、反作用として人格が崩壊《ほうかい》していきます。

いつも締め切りに追われ、〝缶詰状態《かんづめじょうたい》〟になっているような人たちは、残念ながら、ある意味で、あまり知的ではないかもしれません。〝缶詰状態〟で何本も連載《れんさい》を書くのは、そうとうきついことでしょうが、それだと知的にはならないと思うのです。

私の「知的《ちてき》生活」と、「商社マンを選《えら》んだ」理由

ある程度の知的《ちてき》な独立《どくりつ》を護《まも》るためには、「経済《けいざい》的な基盤《きばん》がある」というのはありがたいことです。

経済的基盤があると、共産主義《きょうさんしゅぎ》・社会主義的なもので統制《とうせい》をかけられる恐《おそ》れが少なくなると同時に、「自分が嫌《いや》なものまで、読んだり書いたりしなくて済《す》む」ということがあります。

これは、要するに、「自分の関心《かんしん》のあるものにフォーカスするだけの余裕《よゆう》がある」ということです。

財産《ざいさん》のところについて言う人は、わりに少ないのですが、これは大事な考え方であり、一定の収入《しゅうにゅう》をあげるのはよいことだと思います。

私が「商社マン」を選《えら》んだのは、以前にも何度か述《の》べたことがありますが、次

のような理由からです。

当時の会社には「週休二日制」のところはあまりなく、多くの会社は週に六日働《はたら》いていた時代でしたが、そのとき、商社では、すでに「週休二日」でしたし、給料《きゅうりょう》は比較的高かったのです。

また、私は、管理《かんり》部門で、銀行を相手にする財務《ざいむ》部門に配属《はいぞく》されたのですが、銀行は午後三時に店を閉《し》めるため、それ以降《いこう》は互《たが》いに行き来をしませんし、銀行の人たちは、それほど無茶《むちゃ》な付き合いを要求《ようきゅう》しないのです。

要するに、「勉強する時間と収入源《げん》を確保《かくほ》する」という意味で、そういう就職《しゅうしょく》をしたのですが、そこに勤《つと》めていた数年の間を見ると、ある程度、それに成功《せいこう》した面はあったかなと思います。

商社勤務《きんむ》の〝おまけ〟として語学力がついた

そして、「語学力がついた」ということが、商社勤務《きんむ》の〝おまけ〟かもしれません。「仕事上、必要になり、英語《えいご》の勉強もしなくてはいけなくなったので、語学力がついた」ということが〝おまけ〟です。商社にいると、家に帰って勉強するだけではなく、「勤務時間中に英語の勉強ができる」という面もあるわけです。

部署《ぶしょ》によっては、一日中英語を使い、書類は全部英語で、会話も英語というようなところもあります。

英語の本を読むのはなかなか大変ですが、会社で一日中、英語のドキュメンツ（書類）を読んでいると、これはそうとうな量《りょう》になるので、本に換算《かんさん》したらどのくらい読んだか分からないぐらい、英語の活字を大量に読みました。

また、英文でレターを書くのですが、契約《けいやく》に適《てき》した英文のレターを書かなければならず、タイプライターで英文を打ち、英文レターを送ったりするので、英文を読んだり書いたりする力が、業務中に自然《しぜん》と身についたところは、確《たし》かにあったかと思います。

ただ、それだけでは十分ではなく、それ以後のプラスアルファの勉強をしなければ、もちろん、他の人との競争《きょうそう》に敗《やぶ》れていく世界でもあったとは言えます。

やや予想外のことでしたが、そのように、「自分が思っていたよりも英語が必要になって、語学力が鍛《きた》えられた」というところはあったかもしれません。

私は、田舎《いなか》に生まれ、そこで育ったわけですが、両親とも英語は駄目《だめ》で、使えるような状態では全然《ぜんぜん》ありませんでした。私の家庭は、英語などの外国語を使ったりするような知的環境《かんきょう》ではなかったので、英語に関《かん》しては、職業環境によって使うようになってきた部分が多いと思います。

その結果《けっか》、現在《げんざい》では、英語を使って仕事ができるようになり、英語経典《きょうてん》やテキストなど、英語に関する知的生産物も出せ、英語で講演《こうえん》もできるようになっています。これは思わぬ副《ふく》産物であり、ありがたいことであると思っています。

このように、仕事がずばり、知的生活などと多少関連があれば、付加価値《ふかかち》はより多くなりますが、普通《ふつう》は、あまり関係のないものが多いと思います。また、書類仕事も、最初《さいしょ》は頭脳訓練《くんれん》としてはよいのですが、長く続けていると、それほど知的なものではなくなってきます。

ただ、それでも、「主婦《しゅふ》をしているだけよりは、ずっと頭を鍛えている」という つもりでいる人は、世の中にたくさんいます。

6　知的生産《ちてきせいさん》を生む仕事術《じゅつ》

自分なりの専門領域《せんもんりょういき》をつくり、掘《ほ》り下げる

それから、本章で述《の》べておきたいのは「仕事の仕方」です。要するに、「知的《ちてき》生産《せいさん》を生むための仕事の仕方というものも、やはりある」ということです。

それは何でしょうか。

もちろん、興味《きょうみ》・関心《かんしん》がないものはできないので、「興味・関心を持つ」というのは大事なことなのですが、何か専門《せんもん》的なものを持たないと、やはり、精神《せいしん》的な安定は得《え》られません。

したがって、何か一つについて、「ある程度《ていど》、自分は専門家の域《いき》に達《たっ》した」と

思うぐらいまで、掘《ほ》り下げていく必要《ひつよう》があります。そこまで掘り下げておかないと、いろいろなものをつついて、いろいろなことを知っていても、これは、〝雑《ざつ》学《がく》の大家《たいか》〟であって、「知的大家」ではないのです。

今も、マスコミ界では、雑学の情報処理《じょうほうしょり》のようなことの大家が有名になったりすることは多いのですが、そういう人は、真の意味で知的ではないと私は思います。

何らかの意味での専門部分を持たないと、やはり、本当の深い自信《じしん》は出てこないでしょう。「これに関して、自分には、ある程度の専門家と言えるぐらいの自信がある」という、深く掘り下げた領域《りょういき》を持っていることが大事です。

それを持ちつつ、それ以外《いがい》のジャンルについても、自分が興味・関心のある部分を、少しずつ少しずつ広げていくことが必要だと思います。

ちょうど、草花でも育てるように、少しずつ少しずつ育てていくのです。肥料《ひりょう》を与《あた》えたり、水を与えたり、日に当てたりしながら、少しずつ少しずつ育てていかなくてはなりません。

「今、花を摘《つ》んで花瓶《かびん》に入れよう」とか、「今、刈《か》り入れて食べよう」とか、そういうことではなく、興味・関心のある部分を少しずつ少しずつ育てていき、専門家ではないけれども、セミプロというか、準《じゅん》専門家に近いようなレベルのものをつくっていくことが大事なのです。

これが次に、「発想法《ほう》」と関係してくるのです。

「一つの専門《せんもん》」しか持っていない人の発想には限界《げんかい》がある

「一つの専門《せんもん》」しか持っていない人は、その見方しかできなくなってきます。他の人が見て「これは」と思うような発想が出てこなくなるのです。これが、「頭のよい人」が仕事ができなくなる理由の一つでもあります。

例《たと》えば、文科系《けい》でしたら、法学部には優秀《ゆうしゅう》な人が多く、法律《ほうりつ》などがよくできるようになります。しかし、優秀な人ほど、一般《いっぱん》的な仕事をさせられると、今度はできなくなります。つぶしがきかず、法律的なものでしか物事が見えなくなるのです。

優秀な裁判官《さいばんかん》や優秀な弁護士《べんごし》、優秀な検事《けんじ》を会社に入れて、使えるかというと、頭がよいのは分かっているのですが、使えません。つぶしがきかないので、その専門以外では使い道がないのです。法律部門の審査《しんさ》などはできるかもしれませんが、それ以外のものはできません。

こういう危険性《きけんせい》が一つあります。ものの見方が一定になってしまうのです。弁護士で本をたくさん書ける人は、数が非常《ひじょう》に少ないでしょう。検察官《けんさつかん》や裁判官も同様です。やはり、ものの見方が非常に固《かた》まってくるのです。

また、医者にも、そういうところがあるかもしれません。

「医者で作家」という人は昔からいますが、だいたいこういう人は、〝ズボラな医者〟です（笑）。

医者は、いちおう一定の収入《しゅうにゅう》をあげられ、一生できる、クビにならない職業《しょくぎょう》であり、いわゆる「知的独立《どくりつ》」を保《たも》つための財産《ざいさん》の部分をつくることができるので、それを安定の梃子《てこ》にし、「余暇《よか》に作家業をやってやろうか」と思う人は、いつの時代にも、いることはいます。

ただ、医者として優秀すぎたら、こちらもまた、それほど書けるものではありません。専門の論文《ろんぶん》ぐらいは書けても、ほかのところでは使えなくなっていきます。

現代《げんだい》においては、優秀な人は専門家に分化していく傾向《けいこう》があるので、医者もまた、全部を診《み》るような医者にはなれなくて、何かの専門家だけになってしまうことが多いのです。

もっとも、それはそれで役に立っているので、「生計を立て、この世界で出世する」ということで満足《まんぞく》できるのなら、それでもよいのではないかと私は思います。

本業ではない部分をやり続《つづ》けると、「準《じゅん》プロ化」してくる

ただ、自分の考えを発表して、いろいろな人たちに読んでもらったり、人々を知的に啓発《けいはつ》したりしていこうというようなところまで考えるのであれば、やはり、専門分野の勉強だけでは足りないものがあると思うのです。

例えば、法律家でありながら、同時に、小説《しょうせつ》などの文学を読む趣味《しゅみ》を持っていて、それが一定のレベルを超《こ》えるぐらいまでの文学通《つう》になるとか、映画《えいが》を観《み》る趣味があって、評論家並《ひょうろんかな》みに、いろいろな映画を観ているとか、こういうことがありえます。

あるいは、「法律家だけれども、経済《けいざい》に関心があり、経済についていろいろと勉強を続《つづ》けている」とか、「法学部で法律を専攻《せんこう》しているけれども、政治《せいじ》にも関心があって、政治の勉強を卒業後《そつぎょう》も少し続けている」とか、こういうものが、自分の本業ではない部分です。

これは、一定の量《りょう》を継続《けいぞく》してやり続けていると、だんだん、「準《じゅん》プロ化」してくるのです。そして、「ほかの目」で物事が見えるようになります。

法律の専門家は、法律的な意見しか言えず、それ以外は何も言えないものですが、その人が、小説を読む趣味を持っていて、たくさんの小説を読んでいるのであれば、「法律家としての意見はこうだけれども、世間《せけん》全体では、こういう場合には、このようなことがいろいろとある」というかたちで、世間一般のことについて言えるようになってくるのです。

こういう人には、法律家としての枠《わく》を超え、法律も使いながら、作家にでもなれる可能性《かのう》があるわけです。

そういう、小説も読める法律家は珍《めずら》しいのですが、それに加《くわ》えて経済も分かると、経済の面についても書けるような法律家になり、また一つ、目が増《ふ》えます。

さらに、「政治についても言える」となってくると、だんだん、ジャンルが広がってくるのです。

弁護士業をしていても、このように、経済や政治などのほうに勉強が進んでいけば、どうなるでしょうか。弁護士業をしていた人が政治家になったりしているケースも多いのですが、そういう人は、だいたい、ほかのジャンルについても、ある程度勉強をしていて、関心があった人です。そういうことをしないでそうなるのは、なかなか難《むずか》しいと思います。

もちろん、弁護士としては一定のレベル以上には行かないかもしれず、ある程度のところで止《と》めなくてはいけないのかもしれませんが、別《べつ》なところで花開くことはあるのです。

政治家には、本を書いたりする人はあまりいなくて、総理大臣《そうりだいじん》になる前に、ゴーストライターを使って一冊《さつ》書いたりする程度かもしれません。

ただ、政治というものも、「新しい物事を考えてつくったりする」という意味では、非常に創造《そうぞう》的な仕事であるとは言えます。

「国の道筋《みちすじ》やかたちをつくったりするのも、一つの創造である」という見方もできないわけではないので、「そうした創造をするためには、やはり、複数《ふくすう》の目、複眼《ふくがん》を持たないといけないのだ」ということを知っておいたほうがよいのです。

これが大事です。

7　外国語のマスターで「新しい視点《してん》」を得《え》る

外国語のメディアからは「日本語では取れない情報《じょうほう》」が取れる

本章の前半部分で英語《えいご》についても述《の》べましたが、特《とく》に現代《げんだい》においては、言語の問題は非常《ひじょう》に大きいと思います。

日本の一億《おく》二千数百万人は日本語を使いますが、日本以外《いがい》の国で日本語が分かる人の数は、本当に少ないのです。

日本語は、海外では、大学の日本語学科を出た人か、日本に滞在《たいざい》したことがある人以外には通用しませんし、日本語が国連《こくれん》の公用語になる見込《みこ》みも、ほとんどありません。

そういうことがあるので、やはり、「他の外国語のマスター」も、どこかで入れたいところです。

外国語のマスターもまた、非常に時間がかかることですが、これも、一定のレベルをマスターすると、新しい視点《してん》で見ることができますし、情報《じょうほう》としても、日本語では取れない情報を取れるようになってくるという意味では、知的《ちてき》なメリットは非常に大きいということがあります。

私は、朝いつもＣＮＮを観《み》ていますが、ＣＮＮが取材《しゅざい》して報道している地域《ちいき》は、日本の新聞社やテレビ局の特派員《とくはいん》がいないような所ばかりです。砲弾《ほうだん》が飛《と》び交《か》い、炎上《えんじょう》し、戦車《せんしゃ》が走っているような所にばかり、いつも取材に行っているのです。

日本のジャーナリストは、みな命が惜《お》しいので、だいたいそういう所にはいなくて、よそが書いたものをあとから編集《へんしゅう》し、後追《あとお》い記事として載《の》せるぐらいです。

ですから、ＣＮＮを観ることができると、「日本のものだけを読んでいたら分からないことが分かる」という意味では、非常に有利《ゆうり》です。外国語ができると、そういうよいことがあります。

「イラク戦争《せんそう》」が二〇〇三年にありましたし、その前には、「湾岸戦争《わんがん》」が一九九〇年から九一年にかけてありましたが、あのころでも、「イラクの指導者《しどうしゃ》のサダム・フセインも、CNNを一生懸命《いっしょうけんめい》観ていた」というぐらいです。

「CNNを観なければ、どこに撃《う》ち込まれているか分からない。自国の軍部《ぐんぶ》の情報では、どこが攻撃《こうげき》されているのか分からない」という理由で、サダム・フセインはCNNを観ていたらしいのです。そういう話がありました。

「自分の国の言語以外に、世界に共通する言語をマスターしているか、ある程《てい》度《ど》、使えるレベルまで来ている」ということは、やはり、情報発信《はっしん》においても、情報取得《しゅとく》においても、有利であることは事実です。

これも、一定のレベルまで行かないと役に立たないのですが、一定のレベル以上まで行くと使えるレベルになるので、メリットは大きいと思います。外国語の新聞が読め、外国語のテレビ番組が観られると、かなりメリットは大きいし、外国語の本が読めるのも非常に大きいでしょう。

言語の習得《しゅうとく》は、焦《あせ》らず、「畑に種《たね》をまくような気持ち」で

ただ、焦《あせ》ってはいけないと思います。

才能《さいのう》があって、非常に短期間でマスターできる人がいるのも事実ですが、すぐに分かるような人の場合には、底《そこ》が浅《あさ》いこともあります。「すぐ会話ができるようになったけれども、それ以上には行かない」という人もけっこういるので、「自分は外国語をマスターするのが遅《おそ》い」ということを、あまり嘆《なげ》かないでいただきたいのです。

これは農作業と同じで、「急には実らない」と思って続《つづ》けないといけないもの

だと思います。

二〇一一年に、私は、アジアの七カ所（インド、ネパール、フィリピン、香港《ホンコン》、シンガポール、マレーシア、スリランカ）において、英語で講演《こうえん》をしました。

英語の勉強は、もちろん、一日も休んだことはありませんが、二〇一一年だけで考えても、私が勉強した言語は、英語以外にも幾《いく》つかあります。

最初《さいしょ》はインドに行ったので、ヒンディー語の勉強もしましたし、インドではデリー以外にムンバイにも行ったのですが、こちらではタミル語やマラティー語も使われているので、少し勉強はして行きました。

シンガポールでは、英語での説法《せっぽう》の際《さい》、質疑応答《しつぎおうとう》が予定されていたのですが、シンガポールの人は、「シングリッシュ」といって、中国訛《なま》りの英語を話すので、「質問者の英語を聞き取れない可能性《かのうせい》はかなり高い」ということでした。

これを聞き取るには、中国語のなかで、特に南方訛りの中国語が分からなくてはいけないのです。

これは、二〇〇八年に台湾《たいわん》に行って講演をしたときにも勉強しました。南方の中国語を少し勉強しておくのは、発音の仕方などを知って、訛りを聞き分ける訓練《くんれん》であり、これは、「この訛りが乗ったら、英語はどう変化《へんか》するか」ということの推定《すいてい》をつけるための勉強です。

実際にはマスターはできないのですが、「広東《カントン》語など、南のほうの中国語では、どのような発音をするのか」ということを、少しでも勉強しておくと、英語に訛りが入ったときに、「この訛りを取り除《のぞ》いたら、もとの英語は何になるのだろうか」という推定がつき、訛っているけれども、何となく分かる感じになるのです。

そういうことをしましたし、洪水《こうずい》があったのでタイには行きませんでしたが、タイ語の勉強も少ししました。

それから、マレーシアではマレーシア語の勉強もしましたし、最後にスリランカへ行ったときには、スリランカで七割《わり》ぐらいの人が使っているシンハラ語の勉強もして行きました。

それぞれ、やはり何冊《さつ》かは本を読みました。

ただ、マスターするところまでは行かないあたりで、自分としては諦《あきら》めていました。「言語は簡単《かんたん》にはマスターできない」ということが分かっているからです。

一つの言語をマスターしようとしたら、やはり、何年かかかるのは事実であり、そんなに急にはできないので、まずは簡単に種《たね》をまいているような状態《じょうたい》でしょうか。畑の土を柔《やわ》らかく砕《くだ》き、種をまいているぐらいのレベルにしかすぎないのですが、そういうかたちで、行く先々で、多少、その土地の言語を勉強しています。

いずれ、少しずつ、自分に適性《てきせい》のあるものから実ってくるのではないかとは思っています。

ただ、メインは英語なので、英語のほうでは手を抜《ぬ》かないようにしています。

日本語と英語《えいご》に表れる「民族《みんぞく》の文化」の違《ちが》い

「外国語が分かる」ということは、「その民族《みんぞく》の文化が分かる」ということでもあるので、やはり非常に大事なことだと思います。言語が分かれば、民族の文化が分かり、その人たちの物語や考え方の違《ちが》いが分かってくるのです。このへんは非常に重要《じゅうよう》ではないかと思っています。

なかには、私の講演について、「日本語での講演より英語《えいご》での講演のほうがよく分かる」と言う人もいます（笑）。「英語だと、非常に論理《ろんり》的な組み立てになり、結論《けつろん》がはっきりスパッと出てくるので、こちらのほうがよく分かる」と言う人がいるのです。

日本語だと、いろいろと遠回しに言い、はっきりとは分からない微妙《びみょう》な言い回しをして、付け込まれないようにします。

要するに、政治家《せいじか》の言葉を新聞社が〝翻訳《ほんやく》〟して書いているように、はっきり分かりすぎないような言い方をするわけです。

日本語の場合、少し緩《ゆる》めて言わないと、角《かど》が立つことが多いので、日本語は明《めい》快《かい》な言語ではないのです。

私の日本語での説法を英語に訳しても、必《かなら》ずしも明快にはなりません。英語用に話したものと、日本語で日本人向けに話したものとでは違いがあります。ですから、日本語を英語に訳しても、そのままストレートに「いい感じ」には必ずしもなっていないように思います。

ともかく、「外国人たちの考え方のパターンや文化を勉強する」というのは、非常に優《すぐ》れた視点を持つことになると思います。宇宙人《うちゅうじん》に〝宇宙語〟を習う手前として、それは大事なことなのではないでしょうか（笑）。

8　教養《きょうよう》人となるために「歴史《れきし》の勉強」を

社会人になると、学校で学んだ「歴史《れきし》」を忘《わす》れていく

教養《きょうよう》人となるためには、言語も大事ですが、それ以外《いがい》に、できれば「歴史《れきし》の勉強」をしたいものです。

受験《じゅけん》時代に歴史の勉強をすることはあるのですが、たいてい、みな大学に入って一年もしたら忘《わす》れていき、そのあと、社会人になってから勉強し直すことは、ほとんどありません。

たまに歴史小説《しょうせつ》を読んだりすることはあっても、読むのにけっこう時間がかかったりして、「夏休みなど、夏にだけ大著《たいちょ》を一つ読む」というぐらいのことで満《まん》

足《ぞく》している人が多いのではないでしょうか。

しかし、歴史についても関心《かんしん》を持ち続《つづ》けなくてはいけないのです。仕事などで忙《いそが》しいと、歴史についての本を読めるほどの余裕《よゆう》は、なかなかつくれないものですが、やはり、関心を持ち続けることが大事です。

隙《すき》を見て、そういうものを少しずつ少しずつ見ていかないと、どんどん忘れていきます。数学を忘れたり英語《えいご》を忘れたりするのと同じように、歴史も忘れていきます。

私の経験《けいけん》からすれば、三十歳《さい》という年を超《こ》えると、受験時代の勉強で得《え》た知識《ちしき》は、ほとんど〝全滅状態《ぜんめつじょうたい》〟になります。

二十代、特《とく》に二十代の半《なか》ばぐらいまでだったら、大学入試《にゅうし》問題に対してでも、「なにを！　今だって、勉強をやり直せば、この程度《ていど》は行けるぞ」という感じがまだあります。

ところが、三十歳という年に届《とど》くと、そういう感覚《かんかく》が急速に遠くへ行ってしまい、もはや、やり直すことは不可能《ふかのう》というか、「やっても、もうできない」という感じがしてきます。三十歳ぐらいになると、そういう感じになってくるのです。

その代わり、違《ちが》う知識がたくさん増《ふ》えています。社会人として、違う知識や経験が増え、いろいろな新しい情報《じょうほう》が入ってきて、古い部分がもう出てこなくなっているのです。

したがって、「以前に学んだものも、どんどん消えていく」と思ってください。その速度は思いのほか速いのです。いろいろな経験を積《つ》めば積むほど、消えていく速度は速いので、「将来《しょうらい》、必要《ひつよう》になる」と思うものについては、ときどき、努《ど》力《りょく》して掘《ほ》り起こす必要があると思います。

海外では「日本の歴史《れきし》」を知らないと、つらい思いをする

海外へ行くと、もちろん、英語など他の言語ができなくて困《こま》ることもあるのですが、「日本のことを語れないのは非常《ひじょう》につらい」ということを経験すると思います。

これは、海外に赴任《ふにん》したことのある人は分かるでしょうし、ホームステイや旅行でも分かるでしょうし、外国人と知的《ちてき》な会話をしても分かります。「日本のことについて、ほとんど言えないのは、実につらい」ということが分かり、逆《ぎゃく》に日本について関心が向き、「勉強し直さなくてはいけない」と思うものです。

もちろん、「現代《げんだい》の日本」についても語れなければいけないのですが、「日本の歴史《れきし》」について、分からなくなってきます。

私のように、「日本史」と「世界史」を受験科目で取った者であっても、三十

代になって、ほかの勉強をたくさんし始めると、次第《しだい》に記憶《きおく》が薄《うす》れていき、「白《はく》鳳《ほう》時代、奈良《なら》時代、平安《へいあん》時代、鎌倉《かまくら》時代、室町《むろまち》時代、戦国《せんごく》時代……。あれ？　どんな順序《じゅんじょ》だったかな」など、だんだん記憶がぼんやりとしてきて、分からなくなってくるのです。

したがって、時折《ときおり》、関心を持たなくてはなりませんし、「記憶がかなり薄れてきた」と思えば、新書レベルでもよいので、簡単《かんたん》に読める入門書のようなものを、ときどき、合間《あいま》に読み、たまには歴史小説のようなものを読んだりして、努力しなければいけません。

司馬遼太郎《しばりょうたろう》には、あれだけの著作があり、内容《ないよう》的にはけっこう難《むずか》しいと思うのですが、「あれだけ大量《たいりょう》に読まれた」ということには、なかなか信《しん》じがたいものがあります。

『坂の上の雲』もかなりの量ですし、あれが「二千万部近くも売れた」と言われても、日本人の人口を考えると、「本当かな?」という感じも、しないわけではありません。なかには、「買っただけ」の人もかなりいるのかもしれません。

例《たと》えば、「一人の作家にコミット（関与《かんよ》）して、その作家が気に入ったら、その作家を読み続けることで、歴史なら歴史についても、だいたい、全体を見ることができる」ということはあると思います。

その作家の文体や考え方が好《す》きだと、「読み続けたら、ほとんど読める」ということはあると思うので、そういう努力をするとよいでしょう。

また、「世界の歴史」についても、記憶が消えていくので、自分が関心のある国について、やはり、いろいろと読む努力をしていくべきでしょう。

9　「知的生産《ちてきせいさん》」を伴《ともな》う「知的な生活」を送るために

「異質《いしつ》なものの結合《けつごう》」によるイノベーションを

「自分の仕事に関《かん》する専門領域《せんもんりょういき》」と、「それにかかわる幾《いく》つかの領域」について、少しずつ耕《たがや》していく努力《どりょく》を怠《おこた》らないこと。

「語学」という泉《いずみ》を掘《ほ》って、「新しい目」を持ち、「新しい情報源《じょうほうげん》」を持つこと。

「海外の文学や歴史《れきし》」など、いろいろなものに関心を持つこと。

日本について語れるようにすること。

こういうことをしていくと、いわゆる「教養人《きょうようじん》」ができますが、さらに、「知《ち》的生産《てきせいさん》」という面においても、それだけやれる人は、今、めったにいないので、ほかの人がやっていないものについても〝かじって〟いると、それが非常《ひじょう》に変《か》わった視点《してん》になったりします。

経営学者《けいえいがくしゃ》のピーター・F・ドラッカーが述《の》べているように、「イノベーションとは、体系的廃棄《たいけいてきはいき》であり、古いやり方を捨《す》てることだ」という考えもありますが、理科系的に言えば、イノベーションには、「異質《いしつ》なものの結合《けつごう》」という面もあります。水素《すいそ》と酸素《さんそ》が結合して水ができるように、「異質なもの同士《どうし》が結合して、イノベーションが起きる」という考えもあるのです。

「異質なもの」を持っていて、それが単《たん》なる雑学《ざつがく》にならないように努力することで、知的生産は広がっていくものだと思います。

特《とく》に、理科系の人の場合、文科系の人が理科系に関する知識《ちしき》を持っていると、驚《おどろ》いたりすることが多く、大したことではない、ちょっとしたこと、理科系の人なら勉強している当たり前のことを、文科系の人が知っているだけでも、すごく驚いたり、感動したりする癖《くせ》があります。私が観察《かんさつ》しているかぎりでは、そうなのです。

「ビッグバン」ぐらいなら、だいたい、誰《だれ》でも知っているかもしれませんが、文科系の人が、例《たと》えば、「インフレーション宇宙《うちゅう》」という言葉を使ったり、「パラレルワールド」と言い出したりすると、理科系の人は急に感動し始めたりします。

その言葉を使った人が大したことを分かっているわけではないのですが、「あら、理科系でなかったら分からないようなことを、なんで、この人は知っているのだろうか」と思い、非常に感動することがあるのです。

しかし、その程度《ていど》の知識は、通常、ペーパーバックス、新書レベルでも十分に手に入るものです。たまに、何かの折《おり》に、関心があったらそういう本を読めばよいことですし、新聞でも、片隅《かたすみ》の科学欄《らん》に、そういう記事が載《の》っていたりもします。

また、今、日本語に訳《やく》されている雑誌《ざっし》「ニューズウィーク」などにも、そういうジャンルについての記事が入っているので、自分の持っているジャンルではないものについても読むことができます。

大事なのは、情報《じょうほう》等を集め、それを「結晶化《けっしょうか》」していくこと

本章では、「勉強の仕方」が主として中心になりましたが、さまざまな分野を渉猟《しょうりょう》しつつも、常《つね》に何かを念頭《ねんとう》に置《お》いておき、それを生み出していくこと、アウトプットについて考えていかなくてはなりません。

要するに、情報《じょうほう》等を集めることは、習慣《しゅうかん》をつくることができれば誰にでも可能《かのう》なことではあるのですが、それを「結晶化《けっしょうか》」していくことがとても難《むずか》しいのです。

恋愛《れんあい》については、「ザルツブルクの塩《しお》の坑道《こうどう》（塩坑《えんこう》）」の話が例《れい》としてよく引かれますが、これは、スタンダールという作家が『恋愛論《ろん》』に書いていたことで、

私も昔、読んだ覚《おぼ》えがあります。

「恋愛はザルツブルク（オーストリアの都市）の〝花〟のようなものだ。塩の坑道のなかに木の枝《えだ》を入れておくと、塩が結晶になって木の枝に付《つ》き、花のようになる。恋愛は、そのような結晶が出来上がってこなければ、本物にはならない」

このようなことが上手《じょうず》に書いてあったのを、昔、読んだ覚えがあるのです。

知的生産においても、このように単なる〝塩分〟だけではなく、「いかにして、それを結晶として実らせていくか」ということが大事です。

そのためには、やはり、何らかのモチベーション（動機《どうき》づけ）は必要《ひつよう》だと思います。

例えば、「自分の持っている知識で、少しでも世の中の役に立ちたい」「人々を啓発《けいはつ》したい」「多くの人を導《みちび》きたい」「同じように困《こま》っている人に、解決《かいけつ》する方法《ほうほう》をいろいろと教えてあげたい」など、そういう高級な思考、思いが、何か必要なのではないかと思います。

そういう志《こころざし》を持ち続《つづ》けるかぎり、「知的生産」を伴《ともな》う「知的な生活」もまた可能なのではないかと思います。

知的生産《ちてきせいさん》のためには「無理《むり》のない何らかの運動」も必要《ひつよう》

ついでながら、付け加《くわ》えておきたいことがあります。

本章の最初《さいしょ》のほうで、「カントは散歩《さんぽ》の習慣を取り入れていた」と述《の》べました。勉強していると、本当に体がこわばって、肩《かた》が凝《こ》ります。また、頭も凝り、血《けつ》流《りゅう》が悪くなります。血流が悪くなると、勉強ができなくなり、非常に能率《のうりつ》が落ちてきます。

したがって、血流をよくするために、規則的《きそくてき》、反復《はんぷく》的に、「無理《むり》のない何らかの運動」を取り入れる必要《ひつよう》があります。それには、自分が以前《いぜん》にやったことのある運動がいちばんよいと思いますし、最終的には散歩ぐらいになるのでしょうが、そういうかたちで体を動かすと、いきなり知的能力が上がることもあります。

本が読めなくなっているときは、だいたい、血流が悪くなっています。受験生《じゅけんせい》の場合も、勉強の能率が上がらなくなるのは、実は運動不足《ぶそく》が原因《げんいん》なのです。

私も、血流がよくなると、急に、本を十倍ぐらいの速度で読めるようになることがあるので、「疲労素《ひろうそ》というものは、実に溜《た》まりやすいのだな」ということを感じます。

そのような、いろいろな努力をして、知的生産《せいさん》をするとよいと思います。

本章では、やや総論《そうろん》的なことを述べました。

これから、知的な面で生産物等を出していく人も数多くいると思います。私が

本章で述べたことは、中高年の人にとっては、当たり前のことがかなり多いと思

うのですが、若《わか》い人にとっては、初《はじ》めて知るようなことも一部あるかと思うので、こういうことも述べておかなくてはならないのではないかと思います。

第3章　壁《かべ》を破《やぶ》る力

「ネガティブ思考」を打ち破る「思いの力」

The Power to Break Through Walls

1　日本全体に強い「ネガティブ思考」

多くの人には「壁《かべ》にぶち当たる癖《くせ》」がある

本章は、「壁《かべ》を破《やぶ》る力」という題ですが、多くの人にとって、これが〝問題〟のようです。つまり、人々にとって多くの場合、「壁にぶち当たる癖《くせ》」があるらしいのです。

私は、あまり壁に当たらないのですが、多くの人には、屏風《びょうぶ》のような壁があり、それぞれの心のなかに障害物《しょうがいぶつ》を見つけてもがきながら、それを破れないでいるわけです。

みなさんのなかには、「万病《まんびょう》に効《き》く薬のような『壁を破る力』を授《さず》けたまえ」

と願《ねが》っている方もいるでしょうから、頑張《がんば》って述《の》べてみたいと思います。

「否定的《ひていてき》な考え方」から「現状維持《げんじょういじ》の考え方」になるパターン

最初《さいしょ》に申し上げたいこととして、日本人に共通《きょうつう》することかと思いますが、全般《ぜんぱん》に「ネガティブな思考」が強すぎる気がします。要《よう》するに、「否定的《ひていてき》な考え方」に引きずられる傾向《けいこう》が非常《ひじょう》に強いのです。

そして、この否定的な考え方から、次は「現状維持《げんじょういじ》の考え方」が出てくることが多いのです。「まずは、新しいことや未知《みち》なること、前例《ぜんれい》がないことを否定し、次に現状を維持する思考に入る」というパターンの方が極《きわ》めて多いのではないでしょうか。

ただ、こういう考え方を持っていると、あらゆる新しい試《こころ》みは、どれもこれも〝壁〟に見えると思います。新規《しんき》のことを始めようとすれば、全部が壁のように見えて、「どうすれば、これを超《こ》えられるのだろうか」と困難《こんなん》を感じるわけです。

しかし、「一人ひとりの個人《こじん》の人生で行き当たる壁に対して、一個一個、答えが出ている」というような教科書などあるものではありません。やはり、一般論《いっぱんろん》や他の人の例などを見ながら、自分なりに答えを出さなければならないのです。

ところが、「考える」ということは非常に難《むずか》しいため、だんだん否定したくなってきて、やがてはネガティブに考え、「難しいからできないのだ。やはり現状でよい」というかたちに戻《もど》っていくわけです。

私には、日本人全体にこういう力がいつも働《はたら》いているように見えます。

川泳ぎから学べる「目測力《もくそくりょく》」の大切さ

それは、上流から下流に川が流れているなかで、上流に向かって泳いでいこうとしたり、あるいは、川を真横に泳ごうとしたりするような感じでしょうか。

ちなみに、川を真横に泳ごうとしても必《かなら》ず流されていき、下流のほうに着いてしまいます。「真横に着こう」と思う場合、斜《なな》め上方に向かって泳いでいかないといけません。

これは経験《けいけん》に基《もと》づいて述べていることで、私が〝近代的〟な子供《こども》時代を送ったわけではなく、故郷《こきょう》（徳島《とくしま》県）の吉野川《よしのがわ》を泳いだことがあることを意味していきます。よく「危険《きけん》」という張《は》り紙がされていましたが、小さいころから、命の危険を冒《おか》すぐらいのものがなければ、おそらく事業などはできないのです（笑）。

ともかく、川を泳ぐ場合、水の流れを計算して、「どのくらいの力で泳いだら、どの辺《あた》りに着くのか」という目測《もくそく》がついてくると腕《うで》が上がってくるのですが、同じように、人生においても、「いろいろな抵抗力《ていこうりょく》が発生してくるなかで、それらと闘《たたか》いながら、自分の努力《どりょく》を続《つづ》けていくと、どういう着地になるのか」ということを見抜《みぬ》く「目測力」が大事になってきます。それは、「最終的には、そこに流れ着く」という目測です。

「できない言い訳《わけ》」をプラスのものに入れ替《か》える

今の日本人全体に言えることではありますが、とにかく「できない言い訳《わけ》」を並《なら》べる癖が非常に強いので、習慣《しゅうかん》として、それをチェックすることです。つまり、「できない言い訳を言っているな」ということに自分で気づいて、この考え方をプラスのものに入れ替《か》える習慣を身につけることが大事なのです。

世の中は、できないことに満《み》ちています。たいていの場合、法律《ほうりつ》や条例《じょうれい》が人間を縛《しば》っていて、「あれをしてはいけない。これをしてはいけない」ということばかり書いてあるわけです。例《たと》えば、校則《こうそく》や会社の規則にも、そういうことばかり書いてあり、「これをしてもよい」ということは、めったに書いていません。

また、会社の内規《ないき》などには、「誰《だれ》であれば、ここまでしてもよい」という権限《けんげん》の枠《わく》はあっても、「誰でも、これをしてもよい」というものは、まず載《の》っておらず、「新入社員はここまでしてもよい」というような会社の内規などはめったにないものなのです。

ただ、「決裁《けっさい》の権限は、数億《おく》円まではある」とか「数千万円まではある」とか、「これ以上《いじょう》はいけない」とか、そういうものはあるでしょう。

それ以外でも、「未成年者《みせいねん》はタバコを吸《す》ってはいけない」とか、「お酒を飲んではいけない」といったものもありますが、逆《ぎゃく》に、「これをしてもよい。あれをしてもよい」というものは、そんなに決められていないことが多いと考えてよいと思います。

したがって、「ネガティブな規制《きせい》から、どのように自分を解放《かいほう》していくか」という発想から入っていかないと、物事は前に進んでいかないわけです。

かく言う私も、そういうことはよくあります。例えば、本章「壁を破る力」のもとになった法話《ほうわ》をする際《さい》、その前日の夜に、「全国で衛星中継《えいせいちゅうけい》をするので、あらゆる層《そう》の人たちに壁を破ってもらえるような話をしてください」という要望《ようぼう》があったため、「非常に難しいことを言ってくるなあ。エル・カンターレ信仰伝道《しんこうでんどう》局《きょく》（幸福の科学総合《そうごう》本部の部署《ぶしょ》の一つ）は手を抜いているのではないか」と思いました。

そこで、「あ！　何となく目が腫《は》れてきたような気がする。明日《あした》、説法《せっぽう》ができないかもしれない」と言って家族の様子を見たのですが、誰も同情《どうじょう》しないのです（会場笑）。

次に寝転《ねころ》びながら本を読んでいるときに、「あ！　左足の腿《もも》がつってきたような気がする。明日は立てないかもしれない」と言ったら、幸福の科学学園の寮《りょう》から帰ってきていた次女が氷を持ってきました。そして、「チアダンス部では、こうして冷《ひ》やしたら治《なお》るの」と言われて冷やされたら、すぐに治ってしまい、立てるようになったのです。

結局《けっきょく》、「できない言い訳」をつくろうとしても、弟子《でし》はみな、全然《ぜんぜん》信じていなくて駄目《だめ》でした。「明日、私が休んだら、代わりに説法をしてくれるか」と言って、いろいろと〝投げた〟のですが、すべて押《お》し返されてしまったのです。

このように、私にも壁はたくさんあります。「代わりをしてくれない」という意味での壁があるわけです。

「できない条件《じょうけん》」を打ち破《やぶ》る「銀行叩《たた》きドラマ」が流行《はや》った理由

いずれにせよ、「できない言い訳」をするような傾向性《せい》は、年齢《ねんれい》とともに強くなっていくものです。

ただ、これは知恵《ちえ》の半面でもあるでしょう。危険や失敗《しっぱい》などをいち早く予期して避《さ》けるために、「あれをしてはいけない。これをしてはいけない」と考えることは、確《たし》かに知恵の半面というか、知恵を固《かた》めた部分という面もあります。ところが、こういう考え方が多くなってくると、いろいろなことを阻害《そがい》する力にもなってくるわけです。

それは、学校でも企業《きぎょう》でも同じでしょう。できないことだらけでは支障《ししょう》が出てきますが、「できないことをいかに正確《せいかく》に覚《おぼ》えているか」ということが優秀《ゆうしゅう》な社員の条件《じょうけん》となれば、全体的に進まなくなっていきます。

例えば、銀行において、「融資《ゆうし》ができない条件」ばかりを一生懸命《いっしょうけんめい》に勉強させて覚えさせれば、行員はネガティブな発想をするようになります。「それに違反《いはん》していたら、行内《こうない》で処罰《しょばつ》される」ということになれば、みな、融資をしなくなるわけです。

そういう意味では、最近は、「銀行叩《たた》きドラマ」がよく放送されていましたが、銀行に関《かん》して、よほど嫌《いや》な思いをしており、共感する方が多いからではないでしようか。

銀行に対して、「わが社は成功《せいこう》する」「わが社は成長する」などと言っても信じてはくれません。実際に成功してみせたら、銀行にも分かるのですが、お金が必《ひっ》要《よう》なのは、その前なのです。成功する前に資金需要《じゅよう》があるにもかかわらず、ビジョンを描いてみせても、信じはしません。

客観《きゃっかん》的な証拠《しょうこ》が欲《ほ》しいということで、「財産《ざいさん》はあるか」「土地はあるか」「生命保険《ほけん》に入っているか」などと訊《き》かれ始めると、だいたい、みな、やる気がなくなってきて、「それなら、現状維持でよい。レンタルのままでやっていようか」という考えになることが多いはずです。

こういうかたちで、次第《しだい》しだいに萎《しぼ》んでいく傾向が強いのではないでしょうか。

2　リーダーに必要《ひつよう》な「考える力」

自然界《しぜんかい》に働《はたら》く「抵抗《ていこう》を打ち破《やぶ》って生存《せいぞん》する力」から学ぶ

自然《しぜん》のままに生きていると、いろいろと障害《しょうがい》が出るのですが、「それを新しい考え方で打ち破《やぶ》っていけないか」と考えることが大事だと思います。

例《たと》えば、自然界を見ると、地面がコンクリートで固《かた》めてあったり、舗装《ほそう》してあったりしても、その隙間《すきま》や割《わ》れ目のようなところから、タンポポが咲《さ》いていたり草が生《は》えていたりします。それを見て、「すごいな。こんなわずかな隙間を見つけて出てくるんだ」と驚《おどろ》くことがあるわけです。

タケノコも、成長期《せいちょうき》には、思いがけないところから出てきて、あっという間に成長します。人間に見つかると、取って食べられることをよく知っているため、見つかる前に伸《の》び切らなければいけないと思って、ものすごい速さで伸びるのです。

私が住んでいるところにも竹が生えているのですが、タケノコとして食べられるぐらいのサイズである期間は、ほんの数日でしょう。それを見逃《みのが》したらスーッと伸びてしまって、すでに食べてもおいしくないぐらいの固さになっているため、「あとは、伸ばすしかない」という状態《じょうたい》になるのです。彼らも、「一瞬《いっしゅん》の隙」に伸びてしまわないと命がなくなることをよく知っているのかもしれません。

そのように、自然界でも、抵抗《ていこう》を打ち破って生存《せいぞん》していこうとする力が強く働《はたら》いています。もちろん、動物たちにも同じような傾向《けいこう》はあると思います。いろいろなものが、それぞれ独自《どくじ》の〝武器《ぶき》〟を持って戦《たたか》っているのです。

タケノコで言えば、その成長速度は、どう見ても合理的《ごうりてき》ではないでしょう。土のなかから出てきて、五メートル、十メートルの高さになるわけですが、それだけの材料《ざいりょう》が土のなかにあるようには、どうしても見えないのです。そんな大きさになれば、下の土がボコッとへこみそうな感じがしてしかたがないのですが、へこむこともありません。竹は固いですから、全部が水分でもないはずなのに、「どこから材料が出てくるのだろうか」と不思議《ふしぎ》で不思議でしかたがない感じがします。

人間の最大《さいだい》の〝武器《ぶき》〟としての「考える力」

また、動物たちも、それぞれの〝武器《ぶき》〟を持っています。最低《さいてい》でも一つは、何らかの特技《とくぎ》を持っているのです。

例えば、猫《ねこ》は、どちらかといえば臆病《おくびょう》ですが、非常《ひじょう》に敏捷《びんしょう》な身体能力《のうりょく》を持っているため、塀《へい》の上を歩いていても落ちて死ぬようなことはありません。落ちたところに車でも来ないかぎりは、めったに死なないでしょう。

しかし、人間であれば骨折《こっせつ》して、すぐに病院行きですから、この点では、猫は人間より優《すぐ》れていることを意味します。

また、ウサギであれば、本能的にすぐ穴《あな》を掘《ほ》る癖《くせ》があります。わが家にもウサギがかなりいますが、穴を掘るところがないので、一生懸命《いっしょうけんめい》に絨毯《じゅうたん》を〝掘ったり〟、ソファを〝掘ったり〟しています。才能を失《うしな》わないように一生懸命に磨《みが》きをかけて、それらを破っているわけです。「主《しゅ》を慰《なぐさ》める」という本来の使命を果《は》たすために餌《えさ》をもらっているのですが、使命を果たさないまま、相変《あいか》わらず一生懸命に穴掘りの練習をし続《つづ》けています（笑）。もしかしたら、「万一《まんいつ》、野生のなかへ放り出された場合のために、生き延《の》びる道を残《のこ》さないといけない」ということなのかもしれません。

このように、それぞれのものには、いろいろな生活上の困難《こんなん》はあるのですが、何らかの〝武器〟が与《あた》えられていることも事実なのです。

人間に関《かん》しては、「万物《ばんぶつ》の霊長《れいちょう》」といわれるだけあって、〝武器〟の種類《しゅるい》が数多くあるように思います。その〝武器〟のなかで最大のものは何でしょうか。やはり、体力的なものではある程度《ていど》、限界《げんかい》はあるかもしれませんが、「考える力」という面では、そうとう伸びる要素《ようそ》があり、応用《おうよう》の範囲《はんい》が広いように思えてなりません。

つまり、「考える力」によって、人間に幅《はば》や違《ちが》いが出るわけです。こうした面が非常に強いように思えるのです。

リーダーは、今の仕事だけでなく、「先のこと」を考えるべき

例えば、次のようなことがありました。

幸福の科学が栃木《とちぎ》県に総本山《そうほんざん》をつくっていた、一九九六年から一九九八年ぐら

いには、すでに東京正心館《しょうしんかん》を建《た》てる計画が始まっていたのですが、総合本部の職《しょく》員《いん》は、実際《じっさい》に宇都宮《うつのみや》市のほうに住んでいたため、「東京正心館を建てる」と言っても、ピンとこないわけです。

やはり、宇都宮市にいたら、宇都宮市のことしか考えられないのでしょう。「宇都宮市に最初《さいしょ》の正心館を建てて、次に未来館《みらいかん》を建てて、日光精舎《にっこうしょうじゃ》を建てる」という計画になっていたため、まずは正心館を運営《うんえい》して成功《せいこう》させることだけで、頭がいっぱいだったようなのです。

一方、正心館を運営し、まだ、未来館も日光精舎も建っていない段階《だんかい》で、私は東京正心館用の土地を買って、それを建てる計画もつくっていました。ところが、それについて、彼らをいくら説得《せっとく》しても、想像《そうぞう》がつかないわけです。「総本山が成功してから、次をすればよい」ということで、何も思いつかないのでしょう。

その際、「やはり、考えることができないのだな」と感じたのです。

しかし、東京正心館を建てたら、今度はこれに執着《しゅうちゃく》します。東京正心館を運営することが中心になって、「全国各地《かくち》で正心館を建てるのだ」と言っても、なかなか納得《なっとく》しないのです。

彼らには、そういうことが可能《かのう》であるように見えないのかもしれません。どうしても一つのことにとらわれてしまって、「考える力」がそれ以外《いがい》のところまで行かないようなのです。

それから、時間的に見れば、現在《げんざい》ただいまより先のことについても、「考える力」がどうもないのです。「優秀《ゆうしゅう》だ」と言われる方でも、そのようでした。

もちろん「一日一生《いちにちいっしょう》」という考え方もありますし、毎日毎日、全力を尽《つ》くすことも大事なことではあります。今、取り組んでいることだけに集中しなければいけないというのは、あらゆるビジネスにおいて通じることでしょう。

ただ、「現在、与えられている仕事をこなしているだけであれば、リーダーにはなれない」と言ってよいだろうと思うのです。

「今ある仕事に全力を尽くす」ということは、もちろんリーダーの資質《ししつ》の一つではあるのですが、リーダーがリーダーであるためには、「人がまだ考えていない先のこと」を考えなければなりません。今の仕事だけにかかわるのではなく、「それ以外の可能性《かのうせい》」や「それ以外の方法《ほうほう》」、「別《べつ》の事業」、「別の仕事の種《たね》」などがないかどうかを常《つね》に考えていくことが、非常に大事なことなのです。

3 「プロフェッショナルとしての力」を身につける

プロはお金を稼《かせ》いでも文句《もんく》を言われない

さらに、新しい領域《りょういき》を広げつつ、そのなかで、「プロフェッショナルとしての力」を身につけていくことが大切になります。

プロフェッショナルとは、簡単《かんたん》に言えば、「その仕事をしてお金が頂《いただ》ける」ということです。お金が頂けるのが当たり前であれば、プロフェッショナルですし、お金が頂けないのであれば、それはアマチュアです。このように、「プロ」と「アマ」の差《さ》ははっきりしています。

野球などでもそうでしょう。野球の好《す》きな人はたくさんいて、そのなかには、観《み》ることが好きな人もいれば、プレーすることが好きな人もいると思います。ただし、アマチュアとプロには、やはり違《ちが》いがあるのです。プロは数億《おく》円を稼《かせ》いでも、文句《もんく》を言われません。それは、よく稼げば稼ぐほど、実はよい仕事をしているということだからです。

「よい仕事」をする人には、「よい報酬《ほうしゅう》」が与《あた》えられるのであって、それに対しては、誰《だれ》も文句を言わないでしょう。なぜなら、多くの人を喜《よろこ》ばせているからです。プロフェッショナルに対しては、当然《とうぜん》、一定の敬意《けいい》も払《はら》われるのです。しかし、草野球をしてお金をたくさんもらった場合、「なぜ、そんなにお金を取る権利《けんり》があるのだ」と必《かなら》ず言われるのではないでしょうか。

「プロの仕事」にだんだん変《か》わってきた幸福の科学

そういう意味では、新規《しんき》事業や新しい領域に踏《ふ》み出そうとしたり、今までの自分の能力《のうりょく》ではできなかったことに挑戦《ちょうせん》しようとしたりすると、プロの世界に入るわけです。これは、「いったんアマの世界に入った者が、いつの時点でプロフェッショナルになれるのか」という時間的、空間的闘《たたか》いなのです。

幸福の科学は宗教《しゅうきょう》として始めましたが、最初《さいしょ》は、「講演会《こうえんかい》やセミナー、研修会《けんしゅうかい》において私の話を聴《き》いてもらう」ということが中心でしたので、職員《しょくいん》といっても、その連絡《れんらく》と準備《じゅんび》だけをすればよかったのです。

ただ、だんだん仕事が変化《へんか》していきました。したがって、講演会等だけを行《おこな》っていたときからすれば、「正心館《しょうしんかん》のような宿泊《しゅくはく》施設《しせつ》付きの研修所を建《た》てる」ということは経験《けいけん》がないので、どうしたらよいか分からないわけです。ホテル業の経験もないため、「会社の事務棟《じむとう》のようなものを建ててしまって、あとで使い出が悪くて困《こま》る」といったことが、何度も繰《く》り返して起きました。

このように、プロフェッショナルになるのは大変なことなのです。

しかし、十年も続《つづ》けていると、精舎《しょうじゃ》の館長なども堂々《どうどう》としてきました。堂に入《い》った方法《ほうほう》で仕事ができるようになってきましたし、「ある人ができるようになれば、それ以外《いがい》の他の人もできるようになってくる」という不思議《ふしぎ》な連鎖《れんさ》が起き始め、〝プロ化〟してきました。「アマチュアの仕事」が、「プロの仕事」にだんだん変《か》わってきたのです。

短期間で急速に「プロ化」している幸福の科学の「教育事業」

また、宗教が教育事業のほうに乗り出す場合、当然、最初はアマチュアであるため、お金を頂けるような仕事はできません。

「どうやってアマチュアの仕事をプロの仕事に変えていくか。そのためのノウハウはどこにあるか。そのための努力《どりょく》は何なのか。どのようなやり方をして、どのように人を使って、どのように成果《せいか》をあげたら、プロと言えるのか」と自問自《じもんじ》答《とう》しなければ、宗教が教育事業に乗り出しても、そう簡単にはいかないのです。

やはり、「どこでプロフェッショナルになれるか」ということを自問自答しつつ、新しい能力も獲得《かくとく》しなければいけないわけです。

今、幸福の科学では、教育事業においても、幸福の科学学園中学校・高等学校の那須《なす》本校と関西《かんさい》校、あるいは、仏法真理塾《ぶっぽうしんりじゅく》「サクセスNo.1《ナンバーワン》」などを運営《うんえい》して、だんだんノウハウをためてきています。そして、今、幸福の科学大学設立に向けて準備をしているところです（注。二〇一四年十月末に文科省《もんかしょう》が幸福の科学大学設立《せつりつ》を不認可《ふにんか》にしたことに対し、取り消しを求めていくが、二〇一五年四月に、高等宗教研究機関《きかん》として「ハッピー・サイエンス・ユニバーシティ（略称《りゃくしょう》：HSU）」を開設する予定である）。

一般《いっぱん》の人から見れば、幸福の科学は、教育界ではまだ素人《しろうと》だと思われているのかもしれませんが、短期間で急速にプロ化してきている「幸福の科学の速さ」を感じている人もいるでしょう。

やはり、プロフェッショナルにならなければなりません。「いかなる地平を切り開いてプロとなるか」ということになれば、厳《きび》しい抵抗《ていこう》にも遭《あ》いますが、それは乗り越《こ》えなければならないことでもあろうと思います。

「大学がたくさん余《あま》り、潰《つぶ》れていくような時代にあって、大学設立に乗り出すということに、どれだけの意義《いぎ》があるのか。どれだけの可能性《かのうせい》があるのか」。こうしたことに答えていかなければならないわけです。

これに答えられるかどうかが、一つの壁《かべ》でしょうし、この壁を崩《くず》せるかどうかは、「幸福の科学大学（ＨＳＵ）に入った人たちが、それを経過《けいか》することによって、その後どうなっていくのか」ということにかかってくるのです。

4 「日本人の型枠《かたわく》を破《やぶ》る日本人」をつくりたい

人間のさまざまな可能性《かのうせい》を開く学校をつくる

幸福の科学大学（ＨＳＵ）を設立《せつりつ》するにしても、すでに名門の大学はほかにもたくさんあります。それらの大学に受かるためのノウハウ等も、幸福の科学学園や「サクセス№1《ナンバーワン》」等で教えましたが、今後、幸福の科学大学（HSU）ができて、幸福の科学学園が「エスカレーター校」になる場合、いったい、どうしたらよいのでしょうか。

受験《じゅけん》校とエスカレーター校とでは、カルチャーが変《か》わってくるかもしれません。世間《せけん》の多くのエスカレーター校では、いったん入ったあとは、結果的《けっかてき》に遊び中心というか、怠《なま》けることができる楽な状況《じょうきょう》になっています。しかし、「そのなかに長くいればいるほど、人間としてのさまざまな可能性《かのうせい》が開けていき、新しい世界に向けて考え方や方法《ほうほう》を打ち出していける」ということが大事でしょう。やはり、そういうものがつくれるかどうかにかかっていると思うのです。

いずれにせよ、幸福の科学では、今、いろいろなものが思いのほか〝速い〟速度で前進してきており、教団《きょうだん》としても自信《じしん》を深めているところです。

「日本の常識《じょうしき》」を変《か》えるオピニオンリーダーとしての役割《やくわり》

さらには、「日本の常識《じょうしき》」を変《か》えなければいけません。

「日本の常識をつくっているものは何か」といえば、一つは教育ですし、一つは政治《せいじ》ですし、一つはマスコミの報道《ほうどう》の仕方でもあります。

そのため、幸福の科学は、メディア的な見地からもいろいろと情報《じょうほう》を発信して、オピニオンリーダー、あるいは、トレンドリーダーとしての役割《やくわり》を担《にな》うように努《ど》力《りょく》し、道を開こうとしています。

今、私たちは幸福の科学大学（ＨＳＵ）をつくろうとしていますが、毎年毎年、卒業生《そつぎょうせい》が出れば、社会のなかに、それを受け入れざるをえないものができてきます。

いろいろなところに人材《じんざい》が行き始めることで、社会における定着度が高まってきて、認知度《にんちど》も上がってくるわけです。

さらに、宗教に対する一種《いっしゅ》の抵抗感や恐怖心《きょうふしん》などを持っていた人たちが、「一般的《いっぱんてき》、社会的な判定《はんてい》がなされる仕事のなかで、どんなことができているのか」ということを見ることで、その〝窓《まど》〟を通して、宗教の内容《ないよう》を知ることが可能になるわけです。

「地球全体を〝耕《たがや》したい〟と思う人」をつくれる教育を

幸福の科学は、教育改革《かいかく》を行い、マスコミ改革を行い、政治改革を行い、そして海外に次の〝種《たね》〟をまいているところですが、私がいちばん残念《ざんねん》に思っていることは、「『日本発』のもので世界に影響《えいきょう》を与《あた》えていくものが、あまりにも少ない」ということです。

「日本人は、外国のものを輸入《ゆにゅう》して、それを大きくしたり、改良《かいりょう》したりすることには長《た》けている」と、ずっと言われていますが、「日本発のものを外国に輸出し、外国がそれに基《もと》づいて発展《はってん》・繁栄《はんえい》した」という事実はあまりありません。細《こま》かく見ればあるかもしれませんが、ほとんどないでしょう。

例《たと》えば、トヨタの車がアメリカの車に対して売上で勝《か》ったとしても、「もともとアメリカにあった自動車を日本で改良し、コストや性能の戦《たたか》いに打ち勝ってシェアを取っていった」ということであるので、それだけでは十分ではないと思います。

しかし、初《はじ》めて日本がつくり、考え出し、始めた方法によって、「世界の困難《こんなん》な部分や苦労《くろう》している部分を克服《こくふく》するには、どうしたらよいのか」ということを打ち出していければ、これは大きな仕事になるでしょう。

私は、幸福の科学大学（ＨＳＵ）においても、まったく新しい人類《じんるい》をつくり出したいと思っています。「日本人離《ばな》れした日本人」をつくろうと考えています。

「日本人の型枠《かたわく》を破《やぶ》った人間」「最初《さいしょ》から国際人《こくさいじん》になるために生まれてきたような人間」「地球全体を〝耕《たがや》したい〟と思うような人間」をつくれる教育機関を発明しようとしているわけです。

「世界を変《か》える神殿《しんでん》をつくる」という建設《けんせつ》マンの心意気《こころいき》

先日、千葉県にある幸福の科学大学（ＨＳＵ）建設《けんせつ》予定地に視察《しさつ》に行ってきましたが、その広大な敷地《しきち》では、幸福の科学学園那須《なす》本校を建設し、それから関西《かんさい》校を建設した大手建設会社の責任者《せきにんしゃ》の方が来ていて、また担当《たんとう》をされていました。那須の地に住み、琵琶湖《びわこ》のほとりに住み、さらに千葉県の九十九里浜《くじゅうくりはま》にまで来て、建《た》て続《つづ》けているのです。

その方は、責任《せきにん》を持っているため、「我《われ》ら最高の宮大工《みやだいく》たる事をここに誓《ちか》う」と大書した看板《かんばん》を建設現場《げんば》に掲《かか》げていました。つまり、「学校を建てている」という気持ちではなく、神殿《しんでん》を建てているつもりで彼らは仕事をしているのです。それを見て、「その心意気《こころいき》やよし！」と私は感じました。「学校を建てているのではないのだ。神殿を建てているのだ！」という気概《きがい》に打たれるものがあったのです。

もちろん、ピラミッド型《がた》の礼拝堂《らいはいどう》なども建つ予定ですから、「神殿のようだ」と言えば、そのとおりではあるのですが、「普通《ふつう》の学校とは違うのだ」という気持ちを込《こ》めて仕事をされているので、うれしく感じました。

彼らも建物《たてもの》を建てているだけではなく、そこで学んだ人たちが偉《えら》くなって日本のリーダーとなり、世界を変《か》えていくことを願《ねが》っているのではないでしょうか。

一方、私のほうも、数万坪《つぼ》もある広大な敷地のなかに建物が建設される様子を見ながら、「十年前、二十年前、三十年前の自分たちの考えから、ここまできたのか」という感慨《かんがい》に打たれました。

以前《いぜん》、「私の代では、学校までは無理《むり》でしょう」と思わず述《の》べたこともあります。しかし、「無理でしょう」と言いつつ、それを考えてしまうと、そうした現実が近づいてくることがあるわけです。

「無理でしょう」と思いつつも、「いや、もしかしたらできるかもしれない」と考えていると、次第《しだい》にその姿《すがた》が見えてきます。そして、「自分にできることは何であるのか」ということを考えて、一鍬《ひとくわ》一鍬を打っていると、それがいつの間にか力になってくるのです。

5　志《こころざし》こそが道を開く

私がつくった英語《えいご》教材《きょうざい》で実感した「教育の効果《こうか》」

さらに、私は、「自分にできることは何か」ということを考えて、海外伝道《でんどう》を兼《か》ねながら、英語《えいご》の勉強をやり直し始めました。そうしながら、英語の教材《きょうざい》づくりなどに取りかかるようなことから始めていったのですが、これが海外伝道や教育事業、教団《きょうだん》内のいろいろな方々の英語のレベルアップにもつながっていくようになりました。

例《たと》えば、数年前に本格的《ほんかくてき》に海外伝道を始めたころ、私は、幸福の科学総合《そうごう》本部で練習を兼ねて英語説法《せっぽう》をしていました。そのとき、総合本部の職員《しょくいん》を集めると、前の二列ぐらいに国際局《こくさいきょく》の職員など、TOEIC《トーイック》八百点以上《いじょう》の人が十八人ほど並《なら》んでいて、その他の人は、そこまで行っていませんでした。

ところが、今（二〇一四年五月当時）はどのくらいかといえば、TOEIC九百点以上の人が七十人も八十人もいますし、八百点以上の人も二百人弱います。「教育の効果《こうか》」によって、十倍、あるいは、それ以上の力が出てきているわけです。

それから、英語の教材をたくさんつくりましたが、幸福の科学学園では、中学一年生で英検準《えいけんじゅん》一級に受かった生徒《せいと》が出てき始めています。

少し頭がよすぎるので、そのあと、どうしようかと迷《まよ》ってしまう面や、大学へそのまま行ったほうがよいのではないかと思う面はあります。

一般《いっぱん》には、社会人が英検準一級を取れば、海外赴任《ふにん》が可能《かのう》になるぐらいのレベルです。つまり、大学を出たあとに実用英語を勉強して、海外赴任することが普《ふ》通《つう》なのですが、中学一年生で、そのあたりまで到達《とうたつ》し始めたために、私も驚《おどろ》きました。

さらに、驚いたことがありました。

私の家族でも、五番目の子供《こども》である次女が幸福の科学学園に入っていて、上の子たちは日本有数の進学校に行ったのですが、中学二年生で英検二級に一回で受かったのは、実は五番目の子だったのです。

本人の自己《じこ》イメージとしては、「きょうだいのなかで、自分がいちばん頭が悪い」と思っていたようですが、いわゆる御三家《ごさんけ》（私立《しりつ》中高一貫《いっかん》校の開成《かいせい》・麻布《あざぶ》・武蔵《むさし》）レベルの他のきょうだいたちは、とうてい、その段階《だんかい》では英検二級に受かりませんでしたので、「どうして、そんな短時間で受かるようになるのか」と思って驚いたようです。

そういうことを見れば、「私がつくったものも、そんなに悪くはないのだな」

と自己確認《かくにん》ができました。

〝御三家《ごさんけ》〟のレベルを超《こ》えている『英単熟語集《えいたんじゅくごしゅう》』

また、私は、大学受験《じゅけん》用の『英単熟語集《えいたんじゅくごしゅう》』もつくりましたが、先日、三男（東京大学一年生）が「サクセスNo.1《ナンバーワン》」で講話《こうわ》をした際に（『理想的な受験生活の送り方』〔宗教法人幸福の科学刊《しゅうきょうほうじんかん》〕参照《さんしょう》）、緑色の表紙の『サクセスNo.1 大学受験英単熟語集 必勝編《ひっしょうへん》』を紹介《しょうかい》していたのです。

これを、三男が学校の友達《ともだち》に見せたところ、彼らも知らない単語がたくさん載《の》っており、みな、ギョッとするような内容《ないよう》になっていたとのことでした。

私は、ほかの塾《じゅく》や予備校《よびこう》の英単熟語集なども集めて、いちおう見てはいます。なかでも、御三家《ごさんけ》レベルの人たちが行く「鉄緑会《てつりょくかい》」という、東大生が教えている塾などがいちばんレベルが高いと思うのですが、そのあたりの英単熟語集等を見ると、非常《ひじょう》に易《やさ》しいのです。「こんな易しいものは、やっていられない」と思うようなレベルの内容を一生懸命《いっしょうけんめい》にテストしているので、「サクセス№1」などは、それよりも、ずっと先を行っているわけです。彼らが見て、「えっ！　こんなものが出ている。これは難《むずか》しいなあ」と言っている内容を勉強しているのです。

英熟語などであれば、おそらく、今、日本で出ている受験用の参考書において、私の『英単熟語集』のレベルまで行っているものは、一冊《さつ》もないはずなので、それを勉強した人の合格率《ごうかくりつ》が上がってくるのは、当然《とうぜん》のことだと思います。

最大《さいだい》の才能《さいのう》である「志《こころざし》を持つ力」で道を開く

やはり、構想《こうそう》を練《ね》って、「自分としてできることは何であるか」を問い、少しずつ実践《じっせん》していくことです。それを継続《けいぞく》していくと、一定の量《りょう》が蓄積《ちくせき》されてきて、それが「体系化《たいけいか》」し、「段階化」してきます。そうすることで、いろいろな人が階段を一階から二階に、二階から三階に上がっていけるようになるのです。

一つひとつは地味な仕事かもしれません。しかし、まずは自分の得意《とくい》な方向から攻《せ》めていって一つの道筋《みちすじ》をつくっていくと、一定のやり方が分かります。そうなると、ほかの分野の人でも、「なるほど、そのようにするのだな」と思って協力《きょうりょく》してくれるようになってくるため、いろいろな道筋ができてきて、仕事が出来上がってくるわけです。

オールマイティー（万能《ばんのう》）であることは、そんなに簡単《かんたん》なことではないでしょう。ただ、先ほどの動物の例《れい》ではありませんが、自分なりの「強み」を見いだして、そのなかでイノベーションを図《はか》っていくと、それが「新しい事業」や「新しい世界」に自分を押《お》し出していく力になっていくのです。こうしたことが重要《じゅうよう》なのではないでしょうか。

人間は、やればできるのです。昔から、「六十の手習い」という諺《ことわざ》があり、若《わか》いころは言葉としてのみ聞いていましたが、今は、「実際に、やってやれないことはない」ということがよく分かります。

五十でも、六十でも、七十でも、能力は幾《いく》らでも伸《の》びるのです。新しい分野も開拓《かいたく》可能なのです。妄想癖《もうそうへき》まで行ったら、少し行きすぎなので、抑《おさ》えなければならないところはあるでしょうが、自分の「強み」の部分を着実に積《つ》み重ねて努力《どりょく》をしていけば、若いときのレベルを超《こ》え、一定のレベルを超えて、さらに前進するところまで必《かなら》ず行くようになります。

そして、そうした実績《じっせき》をもとにして新しいアイデアを出していくと、それについてくる人たちや協力者がだんだん増《ふ》えていくので、大きな事業ができるようになってくるのです。

まずは、「思いの力」「志《こころざし》の力」が大事です。

私は、「志を持つ力」こそが最大《さいだい》の才能だと思います。「自分はこうしたい！

このようになりたい！　このようにしてみたい！　ここまで行ってみたい！」と思わなければ、その道は開けないのです。

「志が内から出てくる」ということ自体が才能です。みなさんの内から、今、何が出てくるのか。この出てくるものが、みなさんの才能なのです。そして、「その才能がある」ということは、「そういう可能性《かのうせい》がある」ことを意味しているのです。

6　壁《かべ》を破《やぶ》る「マネジメント」の力

マネジメントの機能《きのう》は「マーケティング」と「イノベーション」

ピーター・F・ドラッカーという経営《けいえい》学者は、「マネジメント」について膨大《ぼうだい》な著書《ちょしょ》を書いていますが、それを本人が簡単《かんたん》に要約《ようやく》しています。まず、基本的《きほんてき》にマネジメントとは何かと言うと、「一つの機能《きのう》は『マーケティング』である」と言っています。

マーケティングとは、市場《しじょう》で、商品やサービス等をお客様に使っていただくことです。仕事とは、だいたい、そういうことであって、マーケティングには、「サービスを利用《りよう》していただく方を増《ふ》やす。あるいは、商品を買っていただく方を増やす」という意味があるのです。

また、「もう一つの機能は、『イノベーション』である」と言っています。それは、常《つね》にいろいろな経営環境《かんきょう》に合わせて、物事を新規《しんき》に変《か》えていく力です。

要するに、ドラッカーは、「マネジメントとは、マーケティングとイノベーションという二つの機能である。あとは、語るに値《あたい》しない」というようなことを言っているわけです。

結局《けっきょく》、みなさんが壁《かべ》を破《やぶ》りたければ、マーケティングとイノベーションの二つを行えばよいのです。

みなさんが打ち当たっている壁は、家業かもしれませんし、会社の仕事かもしれません。あるいは、宗教《しゅうきょう》の仕事で言えば、伝道《でんどう》や献本《けんぽん》、植福《しょくふく》など、いろいろなこともあるでしょう。

ただ、結論《けつろん》的に言えば、みなさんが行うべきことの一つは、「マーケティング」です。多くの人たちに、その商品やサービスの値打《ねう》ちに気づいてもらい、受け入れてもらうための活動をすることです。

もう一つは、「イノベーション」です。やはり、仕事をしていく段階《だんかい》に応《おう》じて、違《ちが》ったものが出てきます。次に行わなければならない発想やアイデア、人の使い方、新しい人を使ったやり方、協力者《きょうりょくしゃ》を入れて仕事をしなければならない段階など、いろいろなものが出てきますので、その都度《つど》、考え方を進化《しんか》させていくイノベーションの力が必要《ひつよう》です。

この二つを持っていれば、みなさんが行う仕事は、会社の仕事であれ、会社外のボランティア的な仕事であれ、ＮＰＯ（非営利団体《ひえいりだんたい》）的な仕事であれ、必《かなら》ず前進していくでしょう。

今までそういう商品が欲《ほ》しいと思っていなかった方や、そういうサービスが欲しいと思っていなかった方、あるいは、「宗教の信仰《しんこう》など自分に必要だと思っていなかった」という方に対して、「それが実は必要なのだ」ということを教えて受け入れさせることです。これがマーケティングです。

それから、相手の段階に合わせて、次々と新しいサービスや商品、考え方を教えていくなかで、こちらもやり方を進化させていくことです。これがイノベーションです。

この二つを持って戦《たたか》い、壁を破っていくことこそ、大きな組織《そしき》として前進していくための道筋《みちすじ》なのです。

「効果的《こうかてき》な仕事」を常《つね》に考え続《つづ》けることがリーダーの使命

私は、いつも、できるだけ一つの仕事が二重三重に使えるように考えています。あることに使った仕事の内容《ないよう》がほかにも通用していくように考えているのです。

例《たと》えば、「幸福の科学学園で使ったものが、次は海外伝道にも使えるように」とか、「海外伝道で使ったものが、みなさんの会社でも使えるように」とか、いろいろなことを、二重にも、三重にも、何重にも使えるように考えています。いつも効果《こうか》が何重にもなって現《あらわ》れていくように考えているわけです。

そのように、「どうやって効果的《てき》な仕事を積《つ》み上げていくか」ということを常《つね》に考え続《つづ》けることが、リーダーとしての使命であると思います。

本章では、「壁を破る力」というテーマで概論《がいろん》的、全般《ぜんぱん》的な内容を述《の》べました。

ぜひ、みなさんも、自分が今、ぶち当たっている壁を破ってください。

「異次元緩和《いじげんかんわ》」などと言って、〝異次元パワー〟が日銀《にちぎん》だけに働《はたら》いているようではいけません。幸福の科学のなかで異次元パワーが働かないで、どこで働くというのでしょうか。

幸福の科学でこそ、異次元パワーを働かせようではありませんか。

第4章 異《い》次《じ》元《げん》発《はっ》想《そう》法《ほう》

「この世を超《こ》えた発想」を得《え》るには

An Other-Dimensional Way of Thinking

1 「異次元発想《いじげんはっそう》」とは何か

実はさまざまなニーズがある「異次元発想法《いじげんはっそうほう》」

本章は、「異次元発想法《いじげんはっそうほう》」という、非常《ひじょう》に異次元的《てき》な題名が付《つ》いていますが、読者のみなさんがこれにどんな内容《ないよう》を期待するかはさまざまでしょう。その共通《きょうつう》項《こう》としては、けっこう難《むずか》しいものがあります。

経営者《けいえいしゃ》であれば、社長業としてのアイデアを求《もと》めているかもしれませんし、ビジネスマンはビジネスマンで、現在《げんざい》の抱《かか》えている問題を打開《だかい》する方法を考えているかもしれません。また、学生であれば、今、勉強で行き詰《づ》まっていたり、将来《しょうらい》、道が開けるかどうかで悩《なや》んでいたりするかもしれません。あるいは、主婦《しゅふ》は主婦なりに、家庭のいろいろな悩みを引き受けていて、「何らかの異次元パワーが働《はたら》いて解決《かいけつ》できないか」と考えているかもしれません。

そのように、さまざまなニーズがあるのではないでしょうか。

それに対して個別《こべつ》にすべて答え切れるわけではありませんが、ピッタリと自分に当たっているものがあるかどうかはさておき、本章の内容の一端《いったん》に触《ふ》れただけでも、「今日から何かが変《か》わり始める」と考えてくださって結構《けっこう》です。

いずれにしても、「みなさんのそれぞれの立場に応《おう》じた異次元発想が出るように、お助けしたい」と考えています。

さて、「異次元発想法」とはどのようなものかを考えるとき、「この世的なレベルを超《こ》えた世界からの、何らかの導《みちび》きやインスピレーションを得《え》て、成功《せいこう》への道が開ける」というようなことをイメージするかもしれません。

ちなみに、私の仕事の仕方は、基本《きほん》的に、この「異次元発想法」そのものを実《じっ》践《せん》していることになります。ただ、その内容は明らかにできません。何しろ「異次元」であるだけに、それほど簡単《かんたん》にはいきませんので、その「異次元発想」を三次元に翻訳《ほんやく》して述《の》べるかたちになるかと思います。

「霊天上界《れいてんじょうかい》からさまざまなインスピレーションを受ければ、それで解決する」というように、簡単に考える人も多いでしょうが、実は、それほど簡単なものでもないのです。

確《たし》かに、天上界には数多くの指導霊《しどうれい》がいます。しかし、そうした指導霊がみなさんに、それ相応《そうおう》のアドバイスを与《あた》え、指導するためには、やはり、何らかの条《じょう》件《けん》が必要《ひつよう》になってきます。彼らのアドバイスを受け、導きを受けて、目の前の問題を解《と》き、ドアが開《ひら》けるには、それなりの条件が必要であるということが言えるでしょう。

つまり、何もなしで、天からすべてが降《ふ》ってくるようなことは、あまりないわけです。

そこで、本章では、「異次元発想」と「三次元発想」とを橋渡《はしわた》しするような話をしたいと考えています。

異次元《いじげん》パワーを引く際《さい》にも「原因《げんいん》・結果《けっか》の法則《ほうそく》」は働《はたら》いている

では、「異次元発想《いじげん》」とはいったい何でしょうか。

考えてみれば、私自身は、その「異次元発想」として、いつも、高級諸霊界《しょれいかい》から インスピレーションやアドバイスを受けて何かをしようとしているわけではなく、むしろ、どちらかといえば忘《わす》れていることのほうが多いのです。そのようなものを忘れて、自分の力で行《おこな》っているつもりでいると、実は、結果《けっか》的には助けてくれていることが多いと言えるでしょう。

これはまことに不思議《ふしぎ》なことながら、「異次元からのパワーがなければできないような状況《じょうきょう》」では、異次元からのパワーが降りてこないのに、「異次元からのパワーなどなくても自分でできる状態《じょうたい》」になっていると、異次元からのパワーが押し寄せてくるのです。実に不思議としか言いようがありません。

たとえ、そういうものがなくても、できるように努力《どりょく》していると、それに対し、「押しかけ○○」風に、いろいろな指導が始まります。ところが、「指導がないと、とてもではないが、何もできない」というような状態では、意外に、それは臨《のぞ》んでこないものなのです。

本当に不思議なことではありますけれども、このあたりに、意外な「逆転《ぎゃくてん》の鍵《かぎ》」が隠《かく》されているような気がします。

古い言葉で言えば、「天は自《みずか》ら助《たす》くる者を助く」という言葉に似《に》ています。この感じが、実によく似ているのです。

つまり、「異次元からのパワーを受けている」と感じていないときに最《もっと》も受けていることが多く、「パワーが欲《ほ》しいのに」「来たらいいのに」「それがあればできるのに」などと思っているようなときには、意外と来ないところがあります。少し〝意地悪《いじわる》〟なように見えるかもしれませんが、それは意地悪ではなくて、本当のことであるわけです。

したがって、異次元からのパワーを引くに当たっても、「縁起《えんぎ》の理法《りほう》」という原因《げんいん》・結果の法則《ほうそく》が働《はたら》いているのです。

この世での「準備《じゅんび》」が整ったとき、異次元《いじげん》からのパワーが臨《のぞ》む

そして、その法則が働くための条件を整えるのは、やはり、この世に生きている人間の側《がわ》の生き方であり、考え方であるわけです。

旧《ふる》い預言書《よげんしょ》等を読んでも分かるように、預言が臨《のぞ》むときというのは、そういうものを自分で選《えら》んで得られるわけではなく、あるとき、不意に臨んでくることが

多いのです。「その準備《じゅんび》が整った」あるいは「その時が来た」と思われるときに、そうした霊的なるものが臨んでくることが多く、地上にいる人のほうが選べる可《か》能性《のうせい》は少ないのです。

そのように、「準備が整った」、あるいは「その時だ」と思うときに、異次元《いじげん》からのパワーが臨んできます。そのときのために、日ごろから準備をしていかなければいけません。「今、天上界からお声がかかっても大丈夫《だいじょうぶ》です」と、準備ができている必要があるのです。

すなわち、「今、あなたは立て！」「今、行動を起こせ！」「今、〇〇をしなさい！」というインスピレーションが降りてきたとしても、「もう準備ができております。いつでもどうぞ」という状態になっていることです。そんなときにインスピレーションは臨んでくることが多いと言えるでしょう。

2　「異次元発想《いじげんはっそう》」を得《え》るためには

①「常《つね》に考える人」となる

次に、その前提条件《ぜんていじょうけん》について、幾《いく》つか述《の》べてみたいと思います。

まずは、「異次元発想法《いじげんはっそうほう》」を一つの発想法として述べた以上《いじょう》、この世的《てき》にはアイデア等に代表される「思いつき」や、企画《きかく》・提案《ていあん》のような考え方における「閃《ひらめ》き」ということになります。

その場合、「閃きをどのようにして使い切るか」という問題になると思いますが、その前提として、みなさんは、まず、「よく考える人」でなければいけません。やはり、「常《つね》に考える人」でなければならないでしょう。

その「考える」ということについて、「ああ、自分は今、考えているんだ」ということが自覚的《じかく》に分かるところまで行くには、ある程度《ていど》の人間形成《けいせい》、本人の努《ど》力《りょく》が要《い》ります。「知的努力」あるいは「心を練《ね》る時間」といったものが必要《ひつよう》になるのです。

②「思考の種《たね》・材料《ざいりょう》」を得《え》る

「気がついたら、いつも、自分は考え事をしている」というような状態《じょうたい》に持っていくには、まずは思考訓練《くんれん》が要りますが、そのためには、「思考の種《たね》・材料《ざいりょう》」となるものも要ります。

つまり、「思考訓練」と「思考材料」が必要になるわけです。

③この世的《てき》な努力《どりょく》を続《つづ》ける

これに関《かん》しては、「三次元的《てき》な、この世的な意味での努力《どりょく》を怠《おこた》った者には、良質《りょうしつ》のインスピレーションは与《あた》えられない」ということを知っておいたほうがよいでしょう。

すなわち、この「異次元からの発想法」は、「棚《たな》からぼた餅《もち》」のように、ただただ転がり落ちてくるというかたちにはなりません。例《たと》えば、「今、ここでジャンボ宝《たから》くじを買えば、五億《おく》円が当たる」というようなものが、いつも降《お》りてくるわけではなく、もう少し正当な感じで表れます。正当に努力しているなかで、その方向性《せい》のなかで表れてくるものが多いのであって、しっかりと見られているわけです。

一生懸命《いっしょうけんめい》、練習をしているオリンピック選手《せんしゅ》はたくさんいますが、「日ごろから、練習を積《つ》んで積んで、やってやって、できるだけのことを限界《げんかい》までやった」と、本人が主観《しゅかん》的に思っているその努力は、「はたして、天上界《てんじょうかい》から見たらどうか」というように見られています。

したがって、天上界の霊人《れいじん》が「この人にしては限界いっぱいまでやったな。このあたりで、一つ、奇跡《きせき》を出してもよいだろう」と思ったときに、例えば、体操《たいそう》の選手などでも、見事な宙返《ちゅうがえ》りができたり、〝異次元宙返り〟ができるようなことが起きたりするわけです。「もう一回、ヒョイッと回してみようか」というようなことで、奇跡が起きたりするのです。

そのためには、もちろん、日ごろからの厳《きび》しい鍛錬《たんれん》に耐《た》え抜《ぬ》き、さらに、そういうものを受けるだけの〝器《うつわ》〟ができていることが前提になります。つまり、一定の器をつくるところについては、自分で努力しなければいけないのです。

④「幸福」と「幸運」には違《ちが》いがある

「幸福になる」ということに関して、「『幸福』と『幸運』とは違《ちが》う」と言う人がいます。

例えば、あるテレビ番組で、ハーバード大学では、「統計的《とうけい》には、一定の地域《ちいき》において、宝くじに当たった人と当たらない人が、幸福になったかならないかは、あまり関係がない」という説《せつ》を教えていると紹介《しょうかい》していました。

確《たし》かに、「宝くじに当たる」ということ自体は、お金が入ることだからよいことかもしれませんが、それで幸福になるかならないかは人それぞれであり、何とも言えないところがあるのです。それによって怠《なま》け者になることもあれば、泥棒《どろぼう》に入られることもあり、生活が派手《はで》になって駄目《だめ》になることもあるでしょう。

このように、「幸福」と「幸運」とは同じではないところがあるので、やはり、それを「受け取るだけの器」ができたときに幸運が訪《おとず》れると、それが実力となって発揮《はっき》されてくるものではないかと思います。

3　大川隆法流「異次元発想法《いじげんはっそうほう》」とは

「スタッフが五百人は必要《ひつよう》」といわれる大川隆法著作物《ちょさくぶつ》の真実

「異次元発想法《いじげんはっそうほう》」について考えれば、例《たと》えば、私の仕事を外の人が見ると、確《たし》かに、この世的《てき》ではない仕事の仕方をしているようにも見えるでしょう。

以前《いぜん》、自衛隊《じえいたい》の幹部《かんぶ》の方が、「これだけの本や政策《せいさく》が出てくるところを見ると、スタッフが五百人ぐらいいるはずだ」と言っていたそうです（『政治革命家《せいじかくめいか》・大川隆法』〔幸福の科学出版刊《しゅっぱんかん》〕参照《さんしょう》）。

確かに、これだけの質《しつ》・量《りょう》の本を出そうとしたら、五百人のスタッフが必死《ひっし》になって研究し、手分けをして書かなければ、できるはずがないと見られても無理《むり》はないでしょう。

しかし、天上界《てんじょうかい》では五百人ぐらいの指導霊団《しどうれいだん》が頑張《がんば》っているのは確かですが、地上界では五百人が頑張っているわけではありません。シンプルに、私が「するべきこと」を、ただ行い続《つづ》けているだけのことです。

「異次元発想《いじげんはっそう》」を受けるためのシンプルな努力《どりょく》

①「興味《きょうみ》・関心《かんしん》の範囲《はんい》」を広げる努力《どりょく》

では、私がシンプルに行い続けていることとは何でしょうか。

一つには、「常《つね》に、興味《きょうみ》・関心《かんしん》の範囲《はんい》を広げるように努力《どりょく》している」ということが言えるでしょう。

それから、「新しいものに対しても、ずっと関心を持っている」ということです。

これは、「これから未来《みらい》に向けて始まっていく新しいことへの予兆《よちょう》を見逃《みのが》さないように、じっと見続けている」ということも事実ではありますが、「過去《かこ》の歴史《れきし》を遡《さかのぼ》って、同じようなシチュエーションや立場の人、あるいは、同じような壁《かべ》を乗り越《こ》えた人がいたならば、『どういうかたちで、それを乗り越えたのだろうか』というように、学ぶべきものは学んでいる」とも言えます。

②「得意《とくい》な領域《りょういき》」を広げる努力《どりょく》

さらに、「『アイデアの泉《いずみ》』としての、自分の得意《とくい》な領域《りょういき》を広げていっている」ということもあるでしょう。

日本全体を見て、「霊界《れいかい》から何らかの霊示《れいじ》を受ける」「声が聞こえる」「霊言《れいげん》ができる」「霊視《れいし》ができる」といった霊的な体験《たいけん》をしている人は、おそらく一万人はいるだろうとも言われています。〝小さな神様〟やイタコあたりから、いろいろなものを入れると、一万人ぐらいはいるかもしれません。

ただ、そのなかで、それが職業《しょくぎょう》にまでなるような人は、それほどいるものではないでしょう。霊の声が聞こえたり、話ができたりするにしても、例えば、当会で出ている本のジャンルの幅《はば》の広さや、ある程度《ていど》の見識《けんしき》の高さや深さを見れば、やはり地上的なほうでの器《うつわ》がなければ無理だということは分かります。

例えば、青森《あおもり》のイタコが本物だったとしても、そこにケインズやハイエクの霊が降《お》りるのは、かなり難《むずか》しいだろうと思います。

さまざまなジャンルの「セミプロ」となる努力《どりょく》

また、私のところには理科系《けい》の人も霊言等を降ろしてくれています。これにしても、専門的《せんもん》な知識がそれほどあるわけではないにせよ、理科系の分野についても心を開き、自分なりにできる範囲までは〝自分の畑〟を耕《たがや》しておかなければ、そうしたものをキャッチすることはできません。

したがって、私のように、やや〝文科系のにおい〟のほうが強い人間では、霊界のアインシュタインやエジソン、あるいは湯川秀樹《ゆかわひでき》等がインスピレーションを降ろすには、多少物足りないかもしれません。「本物の理学博士《はかせ》など、もっと正統《せいとう》な人のなかに、霊的なものがパカッと開ける人が、どこかにいないだろうか」と彼らは思っているのでしょうが、得《え》てして、そういう人は、なかなか霊的なものが開けないものであり、霊示を受けられないのです。

しかし、私のような文科系の人間であっても、「理科系の勉強をして少しでも彼らに近づいていき、彼らの声を聞き取れるような自分になろう」と思い、毎年毎年、少しずつ少しずつ努力《どりょく》を続けていれば、同じようにはできなくても、何らか、言っていることは分かるようになります。

そして、大学で授業《じゅぎょう》を聞く程度の理解《りかい》ができるところまで行けば、その範囲内での霊示は降ろしてくれるようになるのです。

そうすると、一般《いっぱん》の人たちの大半は専門家ではないので、私の理解を通じた霊言によって、「理科系の天才たちの意見が、この世的に理解できる範囲の程度で読める」という、専門家でないがゆえの恩恵《おんけい》を受けることもあるわけです。

そういう意味で、いろいろなジャンルについて、プロまでは行かないかもしれないにせよ、セミプロに近いところまでの努力をして、それだけの器《うつわ》になっていないと、そういうものを受けることはできません。

音楽家から十分な霊指導《れいしどう》を受けられる器《うつわ》となるには

以前、全聾《ぜんろう》と称《しょう》して「現代《げんだい》のベートーベン」などと言われ、問題になった方がいましたけれども、私は、ベートーベンやショパン、あるいはモーツァルトといった霊《れい》を呼《よ》ぶこともできるのです。ただ、彼らを私の体に入れてピアノを弾《ひ》いたとしても、指が十分に動かないのです。

ある程度の練習をした方で、人前で弾けるピアニストぐらいのレベルにまでなっていれば、おそらく、〝神がかった〟ような感じの弾き方ができ、作曲もそうとう自由にできるはずです。しかし、残念《ざんねん》ながら、私はそういう修行《しゅぎょう》を十分にしなかったので、そうはできません。

音楽家がこんな話を聞くと、「俺《おれ》のところに降りてくれれば、ちゃんとできるのに」と悔《くや》しがることでしょうが、そうはさせてくれないところが、世の中の厳《きび》しいところです。

あちらにもこちらにも〝モーツァルト〟が出たり〝ベートーベン〟が出たりするようでは、あまり正しい世の中にはならなくなるので、そういうものは限《かぎ》られていなければいけないということになってくるわけです。

「宗教観《しゅうきょうかん》の狭《せま》さ」が霊指導《れいしどう》を拒絶《きょぜつ》してしまうこともある

それから、宗教《しゅうきょう》関係の人の霊《れい》が出るには、やはり、そういう人たちの思想を理解し、その気持ちが理解できる器をつくっておかなければ、そうはならないということです。

私は、さまざまな宗教家の霊言も出しています。

普通《ふつう》はだいたい、何か一つのお経《きょう》や一つの考え方に集中して宗教ができていることが多いのですが、そのように、狭《せま》く、一つの方向性《せい》だけを持った宗教を信《しん》じる人の場合、他の宗教を否定《ひてい》していることが多いわけです。

例えば、キリスト教で修行をした牧師《ぼくし》や神父《しんぷ》のような方が霊体質になった場合、キリスト教以外の霊存在《そんざい》が何か違《ちが》った教えを降ろそうとしても、「そんなものはありえるはずがない」と、本人が拒絶《きょぜつ》してしまうのです。

「眠《ねむ》れる予言者《よげんしゃ》」といわれたエドガー・ケイシーもそうです。生前、催眠状態《さいみんじょうたい》のときに語った内容《ないよう》について速記《そっき》を取ってみたところ、転生輪廻《てんしょうりんね》の話がたくさん出てくるのです。キリスト教では、転生輪廻の思想は異端《いたん》とされ、「そんな教えはない」ということになっているのに、催眠中に出てくるのは転生輪廻の話ばかりでした。そのため、エドガー・ケイシーは、寝《ね》ているときには転生輪廻の話をし、起きているときは、日曜学校等で「転生輪廻はない」と話していたといいます。

やはり、生きている本人が受け入れられるかどうかによって、その教えの降《お》ろし方に多少の差《さ》はあるわけです。

ケイシーのように、表面意識が眠っている場合には、一部、そうしたものを出せることもあります。おそらく、キリスト教で「転生輪廻はない」と教わっていたために、「違う」と思ってはいても、魂《たましい》の素地《そじ》として、それを受け入れるだけのキャパシティーはあったのでしょう。「アトランティスやムーの時代があった」ということを、彼は、眠っている間に語っています。

「経営者《けいえいしゃ》の器《うつわ》」に応《おう》じた指導霊《しどうれい》がつく

そのように、「器《うつわ》づくり」の努力は必要《ひつよう》です。

仕事に関しても同様のことが言えます。「器をどれだけ広げるか」ということが、みなさんの将来性《しょうらいせい》、可能性《かのうせい》がどこまで広がっていくかを決めるのです。

会社の経営者《けいえいしゃ》であれば、「自分の会社の未来ビジョンはどのようなものであるか。未来のビジョンに合わせ、その時々にどういう能力《のうりょく》が必要か」ということを考えてみる必要があるでしょう。

そして、能力が必要な方向に自《みずか》らの〝畑を耕す〟努力をしていると、その方向に沿《そ》って、会社の規模《きぼ》に合った適切《てきせつ》な指導霊《しどうれい》が指導をしてくれるようになります。

さらに、会社の規模が変《か》わってくると、指導霊もだんだんに替《か》わり、規模相応《そうおう》の指導霊が出てくるようになるのです。

漫画家《まんがか》がアイデアに詰《つ》まったときの苦しみ

また、物書きや、何らかの創作《そうさく》をするような方であれば、さまざまなかたちでの創作ができなければならず、多様なアイデアが湧《わ》いてこないとつくれませんが、現実に〝種《たね》〟が切れるようなことも起きてくるわけなので、それは非常《ひじょう》に苦しいことでしょう。

本章の話をするに当たり、発想法の本を何冊《さつ》か読んでみたのですが、その一つに、漫画家《まんがか》の藤子《ふじこ》・Ｆ《エフ》・不二雄《ふじお》氏《し》の発想法の本がありました。

「どんなことを言っているのだろうか」と思って読んでみたところ、私自身の参考になるものはほとんどなかったものの、面白《おもしろ》かったのは、〝缶詰《かんづめ》〟になって漫画を描いている間《あいだ》、過去最長《さいちょう》で七十三時間描《か》き続けたことがあったという箇所《かしょ》です。

「食料《しょくりょう》と水を脇《わき》に置《お》いたまま、延々《えんえん》と描き続けて、最長で七十三時間描き続けたことが二度ばかりありますが、最後のほうになると、紙がユラユラと動いて見えました」と書いてあって、「ははあ、こんな感じになるんだな」と思いました。

さらに、それでも描けなくなったら、ふるさとの高岡《たかおか》（富山《とやま》県）のほうに逃《に》げて帰るわけですが、編集者《へんしゅうしゃ》も、そこまでは追いかけてこられないので、電報《でんぽう》で原《げん》稿《こう》を催促《さいそく》してきたようです。

漫画家の手塚治虫《てづかおさむ》氏の本にも、やはり似《に》たようなことが書いてありました。何誌《なんし》かの編集者が来て応接間《おうせつま》に詰《つ》め、「描け描け」と言うわけですが、四人ぐらい来ると、全員の顔は立てられないので、描けません。そのため、トイレに行くふりをして、トイレの窓《まど》から逃げ、映画館《えいがかん》に駆《か》け込《こ》んで映画を観《み》たというのです。つまり、〝行方《ゆくえ》不明〟になるわけです。

そのように、描くことや言うことがなくなったりして、アイデアが行き詰まるというのは、けっこう厳しいことなのです。

「体験派《たいけんは》」の作家は、二作目以降《いこう》、面白《おもしろ》みが落ちていく

これは、小説家《しょうせつか》にも同じことが言えるでしょう。

毎年、直木賞《なおきしょう》や芥川賞《あくたがわ》等の受賞者が出ますけれども、そういう人は、受賞した場合にはすぐに二作目を要求《ようきゅう》されるため、たいていは、賞を取る前に次の作品の

準備《じゅんび》に入って書いているのですが、賞をもらったとしても、三作目からあとの作品を書けない人がけっこう多いのです。

一作目は、自分の体験《たいけん》に基《もと》づいて、けっこう面白《おもしろ》いことが書けることもあり、「それはすごい。こんな経験はしたことがないな」と世間《せけん》がびっくりするようなことを出せても、二作目、三作目になると、だんだん刺激《しげき》が足りなくなってきて、面白みがなくなり、読者が減《へ》っていくのです。

特《とく》に、「体験派《は》」の作家の場合にはそういうことが多く、最初《さいしょ》の作品がいちばん面白くて、あとはだんだん落ちてくることがあります。

今、「カンブリア宮殿《きゅうでん》」というテレビ番組で司会《しかい》役をしたりしている村上龍《むらかみりゅう》氏も、一九七〇年代後半に作家としてデビューした当時には、「こんなことができるのか」というような、実に斬新《ざんしん》な体験をいろいろと書いておられました。それを知らない方も、今さら古本を読む必要はありませんので、知らないままで結構《けっこう》だとは思います。

そういうものも、その当時の文化で、誰《だれ》もが未体験のことを書いたりすると珍《めずら》しいので、最初は面白いのかもしれません。

例えば、日本でまだ麻薬《まやく》が流行《はや》っていなかった時期に、そういうものを体験したような人が書いた作品は面白かったかもしれませんし、男女間の規律《きりつ》が厳しい時代に、それを踏《ふ》み破《やぶ》ったものを書けば、それなりに面白いこともあるでしょう。

また、ある職業において「あってはならないようなこと」をした人が告白《こくはく》風に書いたものも、やはり面白いだろうとは思うのです。

ただ、二作目、三作目になると、だんだん面白みは落ちていきます。体験派の場合には、そうしたデメリットがあるでしょう。

インスピレーションが降《お》りない「資料派《しりょうは》」の作品は面白《おもしろ》くない

それに対し、「資料派《しりょうは》」とでもいうべき作家もいます。

資料や情報《じょうほう》をたくさん集め、それをもとにして書く人は、題材《だいざい》が尽《つ》きることは比較《ひかく》的少なく、書いていけるのですが、そのなかに、「インスピレーションが降《お》りていない人」は明らかにいるのです。

材料は幾《いく》らでも集められるでしょう。本屋からでも、どこからでも集められますし、今はインターネット等、情報を取れるものはたくさんあります。

しかし、その材料だけで書いていることが明らかに見える場合、インスピレーションが加《くわ》わっていない場合は、何となく「付加価値《ふかかち》」がない感じを受けるわけです。したがって、読んでいても、いまひとつ面白《おもしろ》みが足りません。

ルポルタージュ風に事実を集めて書くとき、ほかの人がそういうものを知らない場合や、たまたまテーマが特殊《とくしゅ》な場合には、それなりに面白い読み物になるのですが、いろいろなものを書いているうちに、ネタバレというか、材料がだいたい分かってくるため、それほど面白くはなくなってきます。

情報《じょうほう》を収集《しゅうしゅう》・整理するだけでなく「結晶化《けっしょうか》」が必要《ひつよう》

具体的に名前を出すと、少々失礼《しつれい》に当たるかもしれませんが、すでに大家《たいか》を成《な》して晩年《ばんねん》期に入っておられる立花隆《たちばなたかし》氏などはどうでしょうか。

この方は、ジャーナリズム界では〝巨人《きょじん》〟の一人であり、〝太巻《ふとま》き〟の本を数多く書いているのですが、それらを読むと、どうも、「情報処理《じょうほうしょり》」のことを「知の本質」だと考えている面があるように感じられます。「情報をいかに集めて整理して処理するか」を、知識の「知」だと思っているところがあるようなのです。

よく調べてありますし、いろいろなものを引用してはいるのですが、いまひとつ面白みに欠《か》けています。私の言葉で言えば、「結晶化《けっしょうか》」が足りないところがあるわけです。要《よう》するに、材料として資料価値はあっても、やや面白さが足りません。

立花氏の書いた本のなかでいちばん売れたものの一つが、「立花隆の秘書《ひしょ》を募《ぼ》集《しゅう》したら五百人も応募してきた」という感じで、面接して秘書を選《えら》ぶ過程をドキュメンタリー風に書いた話が収録《しゅうろく》された本（『ぼくはこんな本を読んできた』）だと言われ、それ以外《いがい》の本質的なものはそれほど売れていないようです。

その秘書は、しばらくはいたものの、立花氏が二十万円の給料《きゅうりょう》を払《はら》わなければいけないにもかかわらず、本が書けたり書けなかったりして収入が増減《ぞうげん》するため、給料を払えなくなったのか、とうとう秘書をクビにしてしまいました。

そのことで頭にきたのでしょうか。後《のち》に秘書のほうが沖縄《おきなわ》で立花隆批判《ひはん》の本を出しました。「二十万円分が払えないでクビを切るというのは、大家としては許《ゆる》しがたい。私のことを書いた本でいちばん売れたくせに」ということなのか、批判を書いたりしています。

集めた情報《じょうほう》を十分に「発酵《はっこう》・熟成《じゅくせい》」させる

今で言えば、外務省《がいむしょう》を辞《や》めて、どこかでしばらくご厄介《やっかい》になった佐藤優《さとうまさる》氏が、多少、立花氏あたりと似たような仕事の仕方をしています。確かに、「いろいろな本を読んでいるのだろう」ということは分かるのですが、情報《じょうほう》が〝発酵《はっこう》〟していないのです。〝発酵〟して、創作作品として昇華《しょうか》するところまで行かず、材料の段階《だんかい》で止まっていることが多いように思います。

残念ながら、その材料を集めることでもって、最終的な知的成功《せいこう》までは行かないのです。お米と麹《こうじ》を合わせ、水を入れて混《ま》ぜておくと、だんだんにアルコール分が出てきて、酒のにおいがし始めるような、ああいう発酵の部分が足りず、どうしても、材料だけを食べている感じがするところがあります。

それから、最近の佐藤氏の本のなかに、中学校二、三年生の時代、ある先生が「自分の塾《じゅく》に来い」と〝リクルート〟をかけてきたころの話が書いてありました。

そこでは、以前に旧《きゅう》ソ連《れん》の大学で先生をしていたことがある塾の講師《こうし》と、中学生の佐藤氏の会話などが出てくるのですが、私には、「どう見ても、これは嘘《うそ》だ」と思われるものがあります。

中学生で、あのレベルの話をすることはできないでしょう。それは、外交官《がいこうかん》になってからあとに勉強した部分を〝上乗せ〟して書かれたものであろうことが、すぐに分かるのです。私にしても、中三のときに、あそこまでは言えなかったと思います。現在の知識を昔に〝移行《いこう》〟して語っていることは明らかでしょう。

そのように、「資料・材料」は集められたとしても、「発酵度」が足りないと駄《だ》目《め》になります。

大作家になる人たちは、よく勉強もしていますが、それを十分寝かせて発酵させており、いろいろなものと組み合わせられることによって、別《べつ》なものができてくる熟成《じゅくせい》過程を十分に経《へ》ていることが多いのです。

そういう意味で、基本的《きほん》には、短距離走《たんきょりそう》もできるけれども、同時に、長距離走もできるようなタイプの方が多いのではないかと思います。

私の発想の原点も、ほとんどはそのようなところにあります。現在ただいまのことについて、ジャーナリスティックに判断《はんだん》できるような勉強は、もちろんしていますが、それに基《もと》づいて、未来についても常に考えていますし、過去についても、例えば、「この時代に自分が身を置いたら、どんなふうに見えるだろうか」というようなことを考えながら勉強しているわけです。

語学学習によって「外国の視点《してん》」を持つことができる

また、「外国の視点《してん》」というものを、一つ持たなければいけません。

例えば、今の中国を批判するにしても、過去の歴史があるわけですから、私も、中国の作品などを通して、「中国とはどういう国なのか」ということを、よく勉強しています。

ですから、中国人の気質などというものや考え方、どのように動いてくるかということをよく知った上で、意見を言っているのです。

ところが、意外に、向こうは日本のことを知りません。日本の歴史については、まったく知らないのです。これに関しては、韓国《かんこく》にも同じようなことが言えます。

そのような外国のことについても研究しておくと、日本のことについて発言するときに、面白い視点を得られることがあるのです。

そういう意味で、語学などを勉強しておくことは、知的な刺激にもなると同時に、もう一つ、「外国人の目で日本を見るような視点を持つことができる」という意味で、「非常に豊富《ほうふ》な発想が湧いてくる」ということが言えます。

これも、一定以上のレベルまで行くと、御利益《ごりやく》はそうとうありますが、一定のレベルまで行かなかった場合には、大したことはなく、受験に受かる程度の御利益で止まります。

ただ、それ以上に、もっと勉強していると、もう一段早く、世界の動きが読めたり、「日本はこのようになるべきだ」というようなことが分かったりするようになると思います。

そういう意味では、二〇一四年二月に行われた東京都知事選《せん》の結果《けっか》についても、日本の地方自治《じち》の首長《しゅちょう》であっても、外国に精通《せいつう》された方がなされるということは、悪いことではないと思います（注。国際政治学者でもあった元厚生労働大臣の舛《ます》添要一《ぞえよういち》氏が東京都知事に選出された）。

外国の大都市などで生活をしたり、勉強したりした方が、その目で東京を見たら、ほかの人とは違ったように見えるわけですから、おそらく、「どこをどのようにしなければいけないのか」というようなことを、「発想の泉」として持っているのでしょう。

それは、悪いことではありませんし、「〝純国産《じゅんこくさん》〟だったらよい」とは、必《かなら》ずしも言えない面はあると思います。

霊示《れいじ》を受け取る側《がわ》に必要《ひつよう》な「知的訓練《ちてきくんれん》」と「信仰心《しんこうしん》」

当会の信者《しんじゃ》のなかには、精舎《しょうじゃ》など、いろいろなところで研修《けんしゅう》を受けたり、祈願《きがん》を受けたりすることで、すでに霊体質になっている方もいるかもしれません。

先日も、当会の研修施設《しせつ》である横浜正心館《よこはましょうしんかん》で説法《せっぽう》をしたところ、質疑応答《しつぎおうとう》の際《さい》に、「宇宙人《うちゅうじん》からインスピレーションを受けて、ＵＦＯの原理を悟《さと》った」というような内容の質問がありました。

私も、そのときには、その話を真剣《しんけん》に受け止めたのですが、当会の科学者にその人の話を聞いてもらったところ、どうやら、そこまでのレベルには行っていないように感じられました。ＵＦＯの原理を、コマを回すぐらいの原理で考えているようなので、十分ではないと思われたのです。

そうした異次元からの発想を受けるにしても、やはり、この世において受け取るほうのレベルが、ある程度のレベルまで行っていないと、それらが照合《しょうごう》されません。したがって、自分のレベルが一定まで行っていないのに、霊示《れいじ》がたくさん降りてくると思ったら、ときどき気をつけないといけないのです。その場合、〝別の世界〟に行ってしまう可能性もあるため、そのあたりの見分け方は極《きわ》めて重要だと思います。

そういう意味で、「霊的《れいてき》な発想」があったり、「啓示《けいじ》」を受けたり、「夢《ゆめ》」で見たりと、いろいろなことが起き始めたら、「現実処理能力」が落ちないように、しっかりと訓練《くんれん》することが大事です。

現実的な処理能力のところで、間違いが起きていないかどうかを確認《かくにん》し、そこで、よく間違うようなことが出てき始めたら、少し気をつけないといけません。霊的なものがかかりすぎると、精神的に変《へん》な行動を取ることが多くなってくるのです。

したがって、〝霊的〟になればなるほど、「現実世界においての処理能力」がキチッとできているかどうかの確認をし、その基《もと》になる、この世的な意味での勉強なども、できるだけキチッとしておいたほうが安全だと思っています。

私は、ボケ予防《よぼう》のために英語《えいご》などの語学の勉強を勧《すす》めていますが、ボケ防止だけではなく、変なものからの霊示を避《さ》けるためにも、そうした知的訓練を、毎日、しっかりと積《つ》んでおくことは、非常に大事なことでしょう。

やはり、「客観的に見ても、自分は頭脳《ずのう》訓練がされている」という状態を持っておくことは大事だと思います。

ただ、そういう頭脳訓練をあまりにもしすぎた人は、普通、霊感がないタイプの、無神論者《むしんろんしゃ》、唯物論者《ゆいぶつろんしゃ》になるケースも多いので、ここは気をつけなければいけないところです。

したがって、そうしたいろいろな知的ベースを耕すことを、厭《いと》わずにやらなければいけないと同時に、信仰心《しんこうしん》を持ち、「大いなる力に対する信仰を忘《わす》れない」という立場も堅持《けんじ》することが大切なことでしょう。

そうした、習慣化《しゅうかんか》したこの世的な努力を、コツコツと続けながら、大いなる力に帰依《きえ》し、そうしたものと一体になろうとする信仰心を持っていることが大事なのです。

ポジティブ思考で〝弾《たま》〟を撃《う》ち続《つづ》けよ

前述《ぜんじゅつ》したこと以外では、やはり、基本的には、「Be Positive《ビー ポジティブ》」であることです。発想を豊《ゆた》かにするためには、「できない、できない」と考えることから入っていったのでは駄目で、基本的には、「何とかしてできないか」ということを考える癖《くせ》を身につけていくことが大事です。

まず、「駄目です」と言ってしまう癖を持つのではなく、「何とかしてできないだろうか」とポジティブに考えていく思考を持つことが大事なので、「自分はネガティブ思考が強い」という方は、どうか改《あらた》めていただきたいと思います。

ネガティブだと、発想が湧《わ》きません。まったく湧かなくなるので、ポジティブに物事を考えていくことです。肯定《こうてい》的に考えていって、積極的に、建設《けんせつ》的に、何かいいことができないかどうかを考えてみてください。

そうした考えは、潰《つぶ》されることもあります。ほかの人に拒否されたり、潰されたりすることもありますが、そこで簡単《かんたん》にめげてしまわないことが大事であり、やはり、ポジティブな思想を持ちながら取り組み続《つづ》けることが大事なのです。

〝弾《たま》〟は撃《う》ち続けているうちに当たります。一発では当たらないかもしれませんが、二発、三発、四発、五発、十発、二十発、百発と撃ち続け、「これで逃げられるものなら逃げてみろ」というように、ネガティブな思いを撃ち落とすぐらいのつもりでしなければいけないのです。

ですから、そこで簡単にめげてしまわないことです。二〇一四年の法シリーズである『忍耐《にんたい》の法』（前掲《ぜんけい》）の表紙にも書いてあるとおり、「ネバー・ギブ・アップ」の精神が大事なのです。

〝撃ち落とされた〟ネガティブな経験は早めに忘れて、また、心を入れ替え、「もう一回やってみようか」という気持ちに、できるだけ早く立ち直る人にこそ、道が開けて、よい考え方が次々と出続けることになるでしょう。

第5章 智《ち》謀《ぼう》のリーダーシップ

人を動かすリーダーの条件《じょうけん》とは

Resourceful Leadership

1　さまざまな局面に見る「リーダーの定義《ていぎ》」

現代《げんだい》社会における「智謀《ちぼう》」の意味

本章は、「智謀《ちぼう》のリーダーシップ」という、やや難《むずか》しいテーマになります。読者層《そう》もさまざまでしょうから、このテーマの共通項《きょうつうこう》を探《さが》すのは、それなりに困難《こんなん》なところがありますけれども、いろいろな職業《しょくぎょう》や立場にある方など、どんな方にも少しは参考《さんこう》にならなければいけないであろうと考えています。

さっそく〝題名の解剖《かいぼう》〟から入ってみると、まず、「智謀」とあります。二〇一四年は大河《たいが》ドラマで黒田官兵衛《くろだかんべえ》を取り上げていましたので、「智謀」という言葉は、何となく分かりやすい面があるのかもしれません。ただ、今は戦国《せんごく》時代というわけではないので、「智慧《ちえ》をもって謀《はかりごと》をなす」ということは、そのまま通じるわけではないでしょう。生きるか死ぬかという、命の駆《か》け引きをしている場合であれば、それは大変《たいへん》なことだとは思います。

現代《げんだい》社会においては、「智謀」といっても、「智」の部分は、ある程度《ていど》、理解《りかい》可能《かのう》かもしれません。しかし、「謀」というのが、敵《てき》を完全《かんぜん》に殺《ころ》してしまうとか、全滅《ぜんめつ》させてしまうとかいう意味で、奸計《かんけい》に長《た》けたものを目指すのであれば、現代的《てき》には、やや通じないものがあるように思うのです。

ただ、智慧のところは、もちろん、ある程度必要《ひつよう》でしょう。幾《いく》つかの選択肢《せんたくし》や、考え方の結《むす》びつき、コンビネーションがあるなかで、どういう考え方の筋《すじ》や組み立てをつくり、思いのほか効果《こうか》的な業績《ぎょうせき》をあげられるか、あるいは、目的に到達《とうたつ》できるか。そういう意味での、「智慧をもって早馬《はやうま》に変《か》える」というような考え方であると思います。

リーダーとは、自分で「なすべきこと」が分かる人

また、章題では、「智謀」と同時に、「リーダーシップ」という言葉も使われています。

以前《いぜん》、「リーダーの条件《じょうけん》」という法話《ほうわ》もしましたし、それが経典《きょうてん》にもなっておりますが（宗教《しゅうきょう》法人幸福の科学刊《かん》・本法話研修参加者限定《けんしゅうさんかしゃげんてい》）、私はそのなかで、「リーダーとは、『自分がやるべきことを知っている人』のことです」「『人から指示《しじ》をされなければ、自分が何をなすべきかが分からない人』は、リーダーの条件から外《はず》れます。そういう人は、フォロワー（ついていく人）であり、部下に相当します」と述《の》べました。

つまり、リーダーとは、ほかの人から言われなくても、今、自分がやるべき仕事は何なのかが分かる人です。

もちろん、社長以外の人には、部門の長《ちょう》であれ、何らかの会社の方針《ほうしん》や方向性《ほうこうせい》についての指導《しどう》はあるでしょう。そうした大きな流れや、業種《ぎょうしゅ》による方向性は当《とう》然《ぜん》あるとは思いますが、いろいろなところに配置《はいち》されたときでも、「その場に置《お》かれたら、自分が何をなすべきか」ということを自分で分かる人は、リーダーなのです。

さらに、「部下を持っている場合、自分の仕事のなかで、自分ではなくてもできる仕事を部下に任《まか》せたほうが、自分としても、より高度な成果《せいか》をあげられる」ということが見抜《みぬ》ける人は、リーダーでしょう。

リーダーといっても、もちろんトップから、中間レベル、あるいは下のほうのリーダーまで、レベルの差《さ》はあるとは思いますが、基本《きほん》的に、リーダーとは、「言われなくても自分のなすべき仕事が分かる人」のことを言うのです。

「智謀《ちぼう》のリーダー」とは、どのような人か

したがって、大きな会社の場合、部下もないまま中年まで働《はたら》いている方が多いと思いますけれども、部下がいようがいまいが、自分で判断《はんだん》して、なすべき仕事が分かるタイプの方はリーダーなのです。

軍隊《ぐんたい》を例《れい》に挙《あ》げれば、空軍で、ジェットパイロットをしている人に兵卒《へいそつ》（最下《さいか》級《きゅう》の軍人）はいません。みな士官《しかん》以上の地位《ちい》を持っています。やはり、一機《いっき》当たり七十億《おく》円とか百億円とか百五十億円とか、非常《ひじょう》に高額《こうがく》な飛行機《ひこうき》に乗っていますし、あるいは、攻撃《こうげき》の判断や、逃《に》げる判断もあれば、死の危険《きけん》もあるわけです。

自分一人の場合以外に、後ろに同乗者がいて二人の場合もあるかもしれませんが、いずれにせよ、大きな戦略《せんりゃく》に当たるようなものを独自《どくじ》に考えていかなければいけない部分があるのです。戦争《せんそう》の途中《とちゅう》で、どうすべきか、細《こま》かい指示をもらわない

と動けないような人には任せられません。

このように、部下がなくても、ある程度、高い値段《ねだん》のものを与《あた》えられ、自由な戦闘《せんとう》を任されるような場合は、リーダー的なものの考え方ができる人でなければ向いていないでしょう。

それは、基本的に、〝値段が高い人〟ということにもつながっていきますので、この定義《ていぎ》は忘《わす》れないでください。

したがって、「智謀《ちぼう》のリーダーシップ」について言えば、「智慧の部分を磨《みが》く」「いろいろな知識《ちしき》・情報《じょうほう》等を集めつつ、それを実践《じっせん》において体得《たいとく》し、智慧に変える」「経営者《けいえい》としての悟《さと》り、あるいは、ビジネスマンとしての悟りのようなものを身につけていきながら、『自分が現にある立場において、なすべき仕事とは何なのか』という問いに対して答えを出す」、こういう人が、「智謀のリーダー」ということになるでしょう。

「判断《はんだん》できない管理職《かんりしょく》」を置《お》く組織《そしき》が抱《かか》える危険性《きけんせい》

その一方で、管理職《かんりしょく》として肩書《かたが》きをもらっていても、実際《じっさい》は、席《せき》を温めてお茶を飲んでいるだけという人はたくさんいます。これは、小さな会社だけではなく、大きな会社でもそうです。

定年間際《まぎわ》の一年ぐらいになると仕事がなくなってくる人はいて、すでに窓際《まどぎわ》化しており、「定年までとにかく座《すわ》っている」というような場合もあるのです。実際上、部下が仕事をしていて、何の指示も出せず、判断《はんだん》もできず、上にも意見が言えない人、すなわち、事実上の「窓際」になっている方はたくさんいるのではないでしょうか。

そのように、自分のなすべき仕事が見えない人は、すでにリーダーではなくて、いわゆる「レームダック」というか、「死に体《たい》」になっているのです。

そのような方が管理職として数多くいる会社は極《きわ》めて厳《きび》しいでしょう。「年だけは取っている」とか、「経験《けいけん》だけは長い」とか、「社歴《しゃれき》が長い」とかで管理職を張《は》っているけれども、現実には自分で判断ができず、トップが指示を出さないかぎり動かないような人をたくさん抱《かか》えているところは、現在《げんざい》および将来《しょうらい》、非常に危険《きけん》な段階にあると言わざるをえません。

また、組織《そしき》が大きくなればなるほど目が届《とど》かなくなります。自分の部下が一人、二人しかいないぐらいであれば、その仕事は簡単《かんたん》に分かりますけれども、いろいろなところで、いろいろな動き方をしていたら、個別《こべつ》に指示が出せるはずがないでしょう。

ですから、全体としての方針や方向性、成果等についての判断はトップの仕事かもしれませんが、任されたところで何を考え、どう行動するかを判断するのは、そこを任されたリーダー自身の仕事です。それができない人であれば、残念《ざんねん》なががらお荷物《にもつ》になっていると言わざるをえないのではないでしょうか。

そうしたリーダーシップは、必《かなら》ずしも年齢《ねんれい》に比例《ひれい》するものではなく、男女の別にもかかわりがありません。

さらに、若《わか》いころは、学歴によって頭のよし悪《あ》しに差があるように思えても、社会人になって十年もたてば、学歴が通じない世界に入っていきます。やはり、十年間で積《つ》み上げてきたもの、例《たと》えば、勉強してきたこと、実践してきたこと、あるいは、あげてきた成果といったもので世間《せけん》は評価《ひょうか》していきますので、だんだん学歴だけでは通用しない世界に入ってくることになるわけです。

部下の側《がわ》から見た「理想のリーダー像《ぞう》」とは

逆《ぎゃく》に、フォロワー、いわゆる部下から見れば、リーダーとは、仕事として何をなすべきかを知っていて、指示を出してくれる人であり、リーダーからもらったその仕事の成果について、的確な判断を下《くだ》してくれる人です。

例えば、「これは、よい仕事だったのか、悪い仕事だったのか。あるいは、悪い仕事だった場合、どこが駄目《だめ》で、どこをどう改善《かいぜん》すべきか」ということを言ってくれる人でしょう。

また、よい仕事だった場合、「ここは、君がプラスアルファとして頑張《がんば》った部分だ。しかし、会社として希望《きぼう》していたところは、こういうところだった。ところが、君のやったことはこういうことだ。これは、トータルで見れば、プラスの評価は出る。あるいは、少しだけ足りないという評価が出る。ただ、ここは、次にこのようにトライすべきだ」というようにコメントができる人、意見を言ってくれる人は、リーダーの資質《ししつ》のある人でしょう。

こういうことが何も分からずに座っている上司《じょうし》は、会社そのものを、厳しい〝冬の時代〟に案内《あんない》し、連《つ》れていく人であると思います。

そういう意味では、トップが優秀《ゆうしゅう》であればあるほどよいということにはなります。

2 リーダーを育成《いくせい》する組織《そしき》文化

組織《そしき》のなかに「判断《はんだん》できる人」を増《ふ》やしていく

ただ、そうは言っても、一人の人間の頭には限界《げんかい》があるので、自分の見えている範囲内《はんいない》では的確《てきかく》な判断《はんだん》ができる人はたくさんいても、アバウトにしか見えないとか、間接的《かんせつてき》にしか見えないとか、あるいは人の報告《ほうこく》を通してしか分からないとかいう業務《ぎょうむ》において、全部を見通すのは、そう簡単《かんたん》なことではありません。

そのため、できるだけ〝頭《あたま》〟の数があったほうがよいのです。

もちろん、「船頭《せんどう》多くして船《ふね》山に登る」というように、みなの意見が違《ちが》いすぎて、どこにも動かないような状態《じょうたい》は望《のぞ》ましいことではないでしょう。やはり、全体的な方針《ほうしん》に従《したが》っていくことは当然《とうぜん》なのですが、全体的な方針に従いながらも、〝頭〟があって、任《まか》せておけば物事を考え抜《ぬ》いてやってくれるような人は頼《たの》もしいのです。

これは、会社の仕事であろうと宗教《しゅうきょう》の仕事であろうと、そのほかのNPO的な仕事であろうと、同じではないでしょうか。

任せるにしても、細《こま》かい指示《しじ》を出して、「全部、マニュアルどおりにやってください」というレベルで任せるのであれば大変《たいへん》なことですけれども、任せたら、ある程度《ていど》、気を利《き》かせて、よく考え、「このようにすべきだ」と自分で分かってくれることが大事であるわけです。

こうしたことは、本来、その会社の正規《せいき》社員のなかでも、さらに幹部要員《かんぶよういん》になるような人に要求《ようきゅう》される能力《のうりょく》であろうとは思います。ただ、幹部社員に要求されるような判断を、だんだんに平《ひら》社員ができるようになり、さらには、アルバイト社員や契約《けいやく》社員的な人でも同じようなことができるところまで組織《そしき》文化をつくり上げた会社は、必《かなら》ず偉大《いだい》な成果《せいか》を出すことになるでしょう。

スターバックスのアルバイトに見る「ハイレベルの人材《じんざい》教育」

ここで、コーヒー店を例《れい》に挙《あ》げて説明《せつめい》しましょう。

幸福の科学の学生部には、今、非常《ひじょう》に人気のあるコーヒー店であるスターバックス(スタバ)でアルバイトをしている人が多いようです。そのため、私はあちこちの店で見つかってしまうことがよくあります(笑)。

一方、新幹線のなかで販売《はんばい》されているコーヒーは、はっきり言って、あまりおいしくありません。私も、以前《いぜん》は飲んでいたことがありますが、長らく飲んでいないのです。外で買って持ち込《こ》むことが多く、要するに、コーヒー店のコーヒーのほうが、車内販売されているものよりおいしいわけです。

むしろ、サービスで付《つ》いている場合でも、お金を出して購入《こうにゅう》し、車内に持ち込みます。それは、まずいものを飲むぐらいであれば、お金を出してでもおいしいものを飲んだほうがいいからです。車内販売のコーヒーは、なかなか売れないでいるので、だんだん酸化《さんか》して味が落ちているなどということは、よくある話ではないでしょうか。

ところが、前述《ぜんじゅつ》のスタバは非常に流行《はや》っており、それに関《かん》してある人から興味《きょうみ》深い話を聞きました。

週二回程度のアルバイトとして働《はたら》いていても、「おなじみさん」がいつも同じ時刻《じこく》によく来るのだそうです。

ところが、そのおなじみさんの姿《すがた》を見たら、アルバイトであっても、注文を受ける前に、すぐにつくり始めるというのです。それは、決まって、「いつものやつ」としか言わないからです。たまたま当たりが悪くて、「『いつものやつ』とは何ですか」などと訊《き》き返されたら、その人は、非常に怒《おこ》るらしいのです。

確《たし》かに、お客様にとっては、アルバイトであるか正規社員であるかは関係がないことです。スタバでコーヒーを買っているのですから、スタバのコーヒーとして要求されるサービスと内容《ないよう》を提供《ていきょう》しなければ、許《ゆる》せないわけでしょう。いつも同じ時間帯《じかんたい》に来て、同じものを飲んでいるので、「いつものやつ」と言えば分かるはずだからです。

さらに、注文する前に準備《じゅんび》し始めて、すぐにサッと出てくるようであれば、「よしよし」という感じで機嫌《きげん》よくしてくれるのですが、訊き返したら怒られるというわけです。

こうしたことが、正規社員ではなくてアルバイトに要求されているのですから、そのくらいのレベルの店なのでしょう。そういう意味では、会社に就職《しゅうしょく》するときに、「どこでアルバイトをしたことがあるか」ということは、多少、加点事由《かてんじゆう》になるようです。

人材《じんざい》教育によって組織《そしき》を強化し、利益体質《りえきたいしつ》を上げる

さて、スタバ自体には、さまざまな種類《しゅるい》のコーヒーがあり、お茶もありますので、それらをつくるマニュアルはあるそうですが、「接客サービスのマニュアルはない」ということで、少し驚《おどろ》きました。

「つくり方についてのマニュアルはある。ただ、接客サービスについてはマニュアルはない」ということですから、これは、〝目に見えない〟企業《きぎょう》文化をつくり上げているのだと思います。

結局《けっきょく》、非正規社員であるアルバイトをも、正規の社員同様に機能《きのう》するよう、訓《くん》

練《れん》しえたスタバは、発表されている統計《とうけい》を見るかぎり、外資《がいし》で入ってきた外食産業としては、今いちばんの利益《りえき》をあげているわけです。

そのように、本来、上級管理職《かんりしょく》、ないし幹部職員と思《おぼ》しき人が判断すべきことが、だんだん下のレベルでもできていくようになれば、その組織《そしき》は強くなり、大きくなり、「利益体質《たいしつ》」が上がっていきます。そして、「利益体質」が上がるということは、要するに、チェーン店を出していけることを意味するわけです。利益が出なかったら、チェーン店を出すことはできませんので、そういう意味での難《むずか》しさはあるだろうと思います。

3　プロとして立つために必要《ひつよう》な「智謀《ちぼう》」と「努力《どりょく》」

利益《りえき》が出なければ発展《はってん》の可能性《かのうせい》はゼロとなる

なお、利益《りえき》について言えば、幸福の科学の教団《きょうだん》も、宗教法人《しゅうきょうほうじん》として非営利《ひえいり》法人ですから、もちろん利益を目的《もくてき》に活動しているわけではありません。ただ、この世的な現象《げんしょう》として見るかぎり、会社の「利益」に当たる部分を出せるかどうかという問題は当然《とうぜん》出てきます。

普通《ふつう》の会社と同じように、利益に当たる部分がなかったら、新しい支部《しぶ》を出したり、新しい正心館《しょうしんかん》（精舎《しょうじゃ》）を建《た》てたり、学校を建てたり、また、海外に支部を出したり、あるいは人を採用《さいよう》したりすることはできません。損益《そんえき》が均衡《きんこう》したら、それで規模《きぼ》が決まってしまいます。「売上・収入《しゅうにゅう》」に当たる部分から、「経費《けいひ》」に当たる部分を引いて、「利益」の部分が出なかったら、将来《しょうらい》の発展《はってん》の可能性《かのうせい》はゼロということになります。

これを、銀行からの借入金《しゃくにゅうきん》だけで賄《まかな》った場合は、負債《ふさい》を背負《せお》い込《こ》んだ感じとなり、次は、倒産《とうさん》の危機《きき》もあるわけです。これは、宗教法人においても、会社においても、まったく同じです。

この「利益」ということについて、少しフォーカスして話をしてみましょう。

私も、この仕事を始めてから足かけ三十三年ぐらいになりますし、実際《じっさい》に立宗《りっしゅう》して事務所《じむしょ》を開いてからは二十八年目です。その間、お金の部分については、ずいぶん勉強させられることがありました。

例《たと》えば、NPO系《けい》の仕事であれば、タダで物事を行ってもよいのかもしれませんが、「タダでする仕事は、意外に駄目《だめ》なのだ」ということがよく分かったのです。

要するに、「タダより安いものはない」と思えば、責任《せきにん》がかからないし、「顧客《こきゃく》のニーズに応《こた》えたかどうか」ということを自己《じこ》チェック、自己反省《はんせい》しなくても済《す》むのです。「タダだからよかろう」ということであれば、無責任《むせきにん》にもなるし、相手を喜《よろこ》ばそうとか、感動してもらおうとか、相手に「ためになった」と言ってもらおうとかいう気持ちがなくなるわけです。

開催規模《かいさいきぼ》の拡大《かくだい》とともに費用《ひよう》が上がっていった講演会《こうえんかい》

例えば、当会の初期《しょき》の講演会《こうえんかい》は、だいたい公会堂《こうかいどう》等で開催《かいさい》していたので、会場費《ひ》そのものも安く、十万円程度《ていど》で借《か》りられていました。そのため、入場料《にゅうじょうりょう》も千円ぐらい頂《いただ》けば済んでいたのです。

ところが、だんだん会場が大きくなっていき、数千人から五千人、一万人という規模《きぼ》になってくると、会場費も上がり、設営《せつえい》費用も含《ふく》めれば数千万円ぐらい、かかるようになってきました。

現在《げんざい》のように自前《じまえ》の精舎等が出来上がってしまったら、費用はほとんどかかりませんけれども、そういうものがないのであれば、会場を借りる費用に加《くわ》えて、さらに、いろいろなものをつくらなくてはいけないわけです。一日ぐらいで、説《せっ》法壇《ぽうだん》をつくり、客席《きゃくせき》を準備《じゅんび》し、ライティングなどをすると、ずいぶんお金はかかりました。

ちなみに、横浜《よこはま》アリーナ程度のところでは、ライティングショーのようなものを、ほんの二、三分行うだけでも、「コンピュータ制御《せいぎょ》で行うので難《むずか》しいのだ」ということで、一千万円ぐらい請求《せいきゅう》されたかと思います。

こちらとしては、その際のライトの動きが本当に一千万円に値《あたい》するのかどうかは分かりません。やはり同業者として経験《けいけん》したことがない人には、この判定《はんてい》は不《ふ》可能《かのう》でしょう。

ほかに何社かあって、「うちは幾《いく》らでやります」とオファー（値段提示《ねだんていじ》）してもらって、成果《せいか》としてどちらがよかったかを比《くら》べてみれば、少しは分かりますが、比べようがない場合、そこに頼《たの》んでやってもらうしかないわけです。「ずいぶん短い時間で一千万円が稼《かせ》げるのだな」という気はしないでもないのですが、「コンピュータを使って自動的に動かすのはなかなか大変《たいへん》なのだ」と言われたら、そのような気もします。

それがなくても別《べつ》にできないわけではないような気もするし、もしかしたら「気分がいいのかな」などとも考えましたが、いずれにせよ、会場でセミナーを開催するのにお金がかかるようになっていきました。

プロとして感じた、〝お金を頂《いただ》く〟ことのプレッシャー

そうすると、私の〝講演代〟も、最初《さいしょ》は千円だったところが、二千円になり三千円になり五千円になり、やがて一万円になり、席によっては、二万円、三万円、五万円と、高くなってき始めたわけです。

ところが、値段が上がってくると、重しがかかってきました。やはり、それだけのものを行うとなると重くなってくるのです。

もちろん、行事として成功《せいこう》しなければいけなくて、失敗《しっぱい》は許《ゆる》されません。また、下手《へた》をしたら赤字が出るということもないわけではないのです。

ちなみに、以前《いぜん》、週刊誌《しゅうかんし》に掲載《けいさい》された「東京ドーム講演で六十億《おく》円使った」というような記事はまったくのデタラメであって、かかった費用は、会場の借り賃《ちん》から設営費、その他全部を入れても二億円程度です。

ただ、一回の東京ドーム講演においても、関連《かんれん》する売上等をいろいろあげて、利益の部分を少しは出さないと続《つづ》けていけません。また、大きな行事を開催したら、だんだん小さな行事ができなくなります。その部分を含んで、できるかどうかということで、非常《ひじょう》に大変なことではありました。

ともかく、そういうことで、プロとして立つ際には、お金を頂《いただ》くということに対して、大きなプレッシャーはかかりました。

やはり、千円で開催していたときは、はっきり言って〝楽〟でした。今でも千円であれば、スーツの上着をはだけて団扇《うちわ》であおぎながら（笑）、「千円ぐらいの内容《ないよう》にはなっていますよね？」という感じでやりたいぐらいですが、万の単位《たんい》になると、やはり、それなりの「重し」はかかってくるのです。

プロとして不可欠《ふかけつ》の「日ごろの勉強」

では、プロになっていくためには、どうすべきでしょうか。

そのためには、やはり、日ごろからの勉強が大事になります。日ごろから、いろいろなことについての勉強を積《つ》み重ねておかねばならないし、同時に、テーマが決まった仕事に対しては、そのテーマに合った勉強もしなくてはいけません。

これが、「智謀《ちぼう》」の一つに当たるわけですが、勉強の部分をきちんとしていることが非常に大事です。また、ここのところは、手を抜《ぬ》いていると、簡単《かんたん》に分かってしまうのです。

例えば、本章のもとになった説法にも、来場者が全国各地《かくち》から参加《さんか》してくれていました。しかし、手を抜いたら、結果《けっか》として、次回から人が来なくなるでしょう。無理にお願《ねが》いしないと、来てくれなくなってくるのが分かるのです。ところが、手を抜かずにやっていると、遠いところからでも来てくださるようなことが繰《く》り返し起きてくるわけです。

ちなみに、東京正心館での説法の際、質疑応答《しつぎおうとう》の時間に指名すると、地方から来た方に当たることがよくあるのです。北海道や九州、中国地方等から来てくださった場合、交通費のほうが高いかもしれないと思うと、本当に頭が下がります。そして、「自分は、仕事として、自分の持ち時間のなかで、それだけのものを相手に与《あた》えられたかどうか」ということを、いつも感じるのです。

私は説法したあと、そのときのＤＶＤをもう一回、見直して、内容的に適正《てきせい》だったかどうか、正しかったかどうかをチェックして判断《はんだん》し、反省する習慣《しゅうかん》は持っているのですけれども、やはり、そういう「重さ」が来ます。

ただ、これは何にでも通じることではないでしょうか。仕事でお金が頂けるということは大変なことなのです。

社員の生む付加価値《ふかかち》が大きいほど会社は大きくなる

プロの仕事としては、まず、正規社員か非正規社員かでも違《ちが》いはあるでしょう。正規社員とは、「不正なことをしたり、仕事があまりにズボラであったりしなければ、その会社が一生養《やしな》いますよ」というぐらいの意思表示をしているわけですから、正規社員になるだけでも大変なことです。

しかし、そのなかでさらに、主任や係長、課長《かちょう》、部長等の肩書《かたが》きを与えられるのは、年を取ったからといって当然の権利《けんり》ではありません。むしろ、会社が公器《こうき》化し、公《おおやけ》のものになっていった場合、ポジションを与えられても、実際上、それだけの付加価値《ふかかち》を生まなければ、損をかけている分だけ〝迷惑《めいわく》社員〟になってきていることを意味します。

やはり、基本《きほん》的には、「自分の仕事の値段が上がっていくか、上がっていかないか」ということだと思うのです。

これは、一人で行っている仕事の場合であれば、「顧客から受ける評価《ひょうか》や支持」ということになりますし、人を使っている仕事の場合には、「チーム全体としての成果」ということになりましょう。

では、どうしたら個人《こじん》としての仕事の値段が上がっていくのでしょうか。

まず、「その人を置《お》いたら、置いた分だけよくなる。いないよりもいたほうがよい」というのが最低《さいてい》ラインです。

「その人がいたらマイナスになる」のであれば、実に困《こま》る人であって、失業対《たい》策《さく》としてのみ存在《そんざい》していることになるでしょう。つまり、そういう人を会社が引き受けてくれることにより、国は助かっているわけです。「会社が公器である理由の一つは失業対策をやっているからだ」と言えなくもありません。

いずれにせよ、自分の生む付加価値の総量《そうりょう》が大きければ大きいほど、会社は大きくなるものだと考えてよいと思います。

4　リーダーに求《もと》められる「情報分析《じょうほうぶんせき》」の力

リーダーの判断《はんだん》によって異《こと》なる戦略《せんりゃく》・戦術《せんじゅつ》

ただ、そのなかで、リーダーが選《えら》んでいくべき戦略《せんりゃく》・戦術《せんじゅつ》というところに、一つの競争《きょうそう》が働《はたら》いてくると思うのです。

例《たと》えば、幸福の科学の経営系《けいえいけい》セミナー等で勉強されている方には、会社経営をしている方が数多くおりますが、同じ経営セミナーで話を聴《き》いても、そこから引き出すものは人によって違《ちが》うわけです。

ある人は、「集中戦略」のところをよく聴き取って、品揃《しなぞろ》えを売れ筋《すじ》のものに絞《しぼ》り込《こ》み、大量《たいりょう》に仕入れることによって値下《ねさ》げを実現《じつげん》し、「どこの店よりも安い」ということで大量に売って、利益《りえき》をあげています。当会の信者《しんじゃ》の会社には、そういうところがあります。

また、別《べつ》の信者の会社では、いろいろなものに手を出すわけではなく、ある種《しゅ》のものについては品揃えを非常《ひじょう》に豊《ゆた》かにし、「そこに行ったら、何でもある」という状況《じょうきょう》にしています。例えば、カレーについては、「ここまで揃えているか」というぐらいに揃っているようなところがあるのです。

そのように、私の話を同じように聴いていても、違うところを選び取って、会社の戦略に使う人はいるわけなのです。

このあたりのところには、まだまだ工夫《くふう》の余地《よち》があるのではないでしょうか。

公開情報《じょうほう》のなかから正しいものを見抜《みぬ》く目を持つ

また、私は、「アベノミクス」についても、「成功《せいこう》するであろう要因《よういん》」と「失敗《しっぱい》するであろう要因」の両方があると見て、「忍耐《にんたい》の時代の経営に入らなくてはいけない。これは、なかなかの我慢比《がまんくら》べである。政府《せいふ》が音頭《おんど》を取るけれども、実体経済《けいざい》が動くかどうかについては厳《きび》しいだろう」と述《の》べています（『忍耐の時代の経営戦略』〔幸福の科学出版刊《しゅっぱんかん》〕参照《さんしょう》）。

確《たし》かに、株価《かぶか》は全体に上がってはいますし、外国からの投資家《とうしか》等は、今、投資をしているけれども、国内投資家のほうは、売り抜《ぬ》くことを考えている人のほうが多いわけです。少し買って、上がったら売り抜き、利益を得《え》ようと思っている人が多くて、経済そのものが上向きになると考えている人は、そんなにいないのが実態《じったい》でしょう。まだ、みなが様子見《ようすみ》をしている状態です。

「消費税率《しょうひぜいりつ》を二回上げて、それでも好景気《こうけいき》を維持《いじ》することが本当にできるのか」ということは、やはりプロ筋であれば、誰《だれ》もが考えるべきことです。また、当たるかもしれないし、当たらないかもしれません。

政府もいろいろ情報操作《じょうほうそうさ》をしながら進めてくると思うのですが、そうした情報のなかで、正しいものと、あるいは動かされているものとを、よく判断《はんだん》していかなくてはいけないわけです。

やはり、「同じ公開情報のなかから、何を見抜いていくか」ということは、経営的《てき》な判断、あるいは、そうした仕事を任《まか》されている者の判断として、極《きわ》めて大事になります。

例えば、二〇一〇年の統計《とうけい》によると、中国はＧＤＰ（国内総生産《そうせいさん》）で日本を逆転《ぎゃくてん》しました。それから三年たった二〇一三年には、「中国のＧＤＰは、日本のＧＤＰの二倍になった」という発表があったわけです。

それには安倍《あべ》首相も驚《おどろ》いたことでしょう。彼が、世界各地《かくち》を回りたくなる理由は十分に分かります。

私が述べているように、日銀《にちぎん》から大量にお金を出させたところで、民間《みんかん》のほうに「使え」と言っただけでは、みな用心してなかなか使わないのです。またバブル潰《つぶ》しをされたら困《こま》るわけで、そんな簡単《かんたん》なことではありません。担保《たんぽ》なしで貸《か》してくれて、返さなくてもよいのであれば、幾《いく》らでも借《か》りるでしょうが、あとで「担保価値が下がったら返せ」などと言われたら、やはりきついのです。

なお、私は、「きっと海外投資が増《ふ》えるだろう」という予想を立てていましたけれども、そのとおりに首相が海外出張《しゅっちょう》し、円借款《しゃっかん》を通じて、ほぼ無利子《むりし》でどんどん外国に貸しています。あれも返せなくなったら、最後《さいご》は〝帳消し〟になるわけですから、相手国にとってはありがたいものではあるでしょうし、これまでにも帳消しにしたものがかなりあるのです。

ただ、その分だけ感謝《かんしゃ》してもらえているかどうかは分かりません。中国にしても、日本から六兆《ちょう》円ぐらいのＯＤＡ（政府開発援助《えんじょ》）を受けているはずですが、これで道路をつくったり、橋を架《か》けたりしたかと思いきや、軍事費用《ぐんじひよう》として使った可能性《かのうせい》もあるので、日本にとっては、十分に危険《きけん》になったところはあるのです。いずれにせよ、公開の情報であっても、それをどのように分析《ぶんせき》していくかというところは、非常に大事な判断かと思います。

新聞記事からでも見て取れる中国の思惑《おもわく》

「中国のＧＤＰが二倍になった」という話に関《かん》して言うと、昨日《きのう》（二〇一四年一月二十五日）の新聞には、粗鋼《そこう》生産量に関する記事が載《の》っていました。分かりやすく鉄鋼と考えてもよいのですが、二〇一三年の鉄鋼の生産量を見ると、中国は日本の七倍の量を生産しているのです。ＧＤＰは二倍にもかかわらず、鉄鋼の生産量は七倍ですから、これにはやや異常性《いじょう》があるのではないでしょうか。

七倍の量の鉄鋼を使うとした場合、例えば、ものすごい高層《こうそう》マンション等を建《た》てれば、鉄筋・鉄骨《てっこつ》等が要《い》りますし、車をつくる際《さい》にも必要《ひつよう》になるでしょう。あるいは、船舶《せんぱく》等、いろいろなものをつくるときに要るわけです。ただ、七対一という比率《ひりつ》を見るかぎり、「海洋戦略のなかで、船をつくるつもりでいるのではないか」ということが感じ取れるのです。

やはり、戦争の前になると、鉄鋼生産等を増《ふ》やし始めますし、鉄鉱石《てっこうせき》を溶《と》かすための原材料《げんざいりょう》としてコークス等が要るようになります。

その点、中国は、ここ数年、資源外交を展開《てんかい》し、オーストラリア、アルゼンチン、ブラジル、アフリカ等から、ずいぶん買いあさっているのは見えていました。そのなかで、オーストラリアからは、鉄鉱石を押《お》さえにかかったり、土地を買い始めたりしたので、とうとう拒否《きょひ》されて、戦略を変《か》えられましたけれども、「何か準備《じゅんび》しているらしい」ということは、こうしたことを見ただけで、すぐにピンとくるわけです。

そのように、公開情報のなかでも、「異常性」のチェックをして、相手が何を考えているかというようなことも見なければいけません。

「社内英語《えいご》公用化」には、社長も勉強し直す姿勢《しせい》を

あるいは、ビジネスで言えば、同業他社の戦略などについても分析しなければならないわけです。本当に当たっているのか、当たっていないのか、そのあたりの考え方を分析すべきでしょう。

例えば、社内の英語《えいご》公用語化等を実施《じっし》する企業《きぎょう》でも、本当の意味で、「海外戦略を強化するために英語をやらなければいけない」と考え、英語を推進《すいしん》しているところもあると思います。

しかし、外国人に海外生産してもらって物を売れば生産コストが下がるので、英語を社内の公用語化することによって日本人との採用《さいよう》の基準差《きじゅんさ》を少なくしていき、生産コストを下げようとしているだけの可能性もあるのです。

つまり、「現地の給料《きゅうりょう》は低《ひく》くてもこれだけ生産が上がっているのに、国内は大したことがなく、給料が高くてもあまり生産できていない」という理由で、もしかしたら給料下げの目的が経営側《がわ》にある可能性も、ないわけではありません。このあたりも、よく見なければならないところでしょう。

なお、考え方はいろいろあるだろうと思いますが、「チャイナリスク」と「コリアリスク」も出てきていますので、政府としては、これからイスラム圏《けん》との交流を増やしていく方針《ほうしん》が出され始めてはいます。風習が違うので難《むずか》しいところもあるかもしれませんが、ビザなしで日本に来られる国を増やそうとしており、基本的には、公用語として英語を使っていくだろうと推定されます。

ちなみに現在《げんざい》、イスラム圏には十六億《おく》人ぐらいいますが、今後、二十億人以上《いじょう》に増えていくでしょうし、英語で仕事ができるところはすでに数多くあります。

さらに、インドも十二億人ぐらいいますが、英語が通じるところを見ると、将《しょう》来《らい》的には、少なくとも三、四十億人は英語圏として仕事ができることが分かるのです。

このようなことを考えれば、海外との取引《とりひき》を目指す会社等において、英語について努力《どりょく》をするよう、社内である程度《ていど》の檄《げき》を飛《と》ばすことは、それなりに合理性があると思います。

それがすべてではないにしても、国内だけで食べていけるかどうかについては危険度がないとは言えません。いざというときの商売拡張《かくちょう》の方法《ほうほう》の一つではあるでしょうし、国が後押《あとお》しをしている方向でもあるわけです。

したがって、経営者のみなさんも仕事が忙《いそが》しくて大変《たいへん》ではあると思いますが、いま一度〝ネジ〟を巻《ま》き、心を引き締《し》めて、勉強し直す姿勢《しせい》を持ったほうがよいでしょう。

もちろん、社員のなかで社長がいちばん英語ができなければいけないというのは、なかなか厳しい話であって、そう簡単にはいかないと思います。

しかし、「お年のわりにすごく頑張《がんば》っていらっしゃる」「いろいろお忙しいのは分かっているし、非常に大変な仕事をされて、出張も多く、いろいろな人に会っていらっしゃる。勉強する暇《ひま》もないのに、どこで時間を見つけて勉強しているのだろうか」という感じで、姿勢のところは、社員がフェアに客観《きゃっかん》的に見ているものです。

ですから、必ずしも、社長が最《もっと》も英語ができなければいけないというわけではありませんが、上にある者が、「時間がない」「仕事が忙しい」「体調が悪い」等の言い訳《わけ》をしないで、武器《ぶき》になるものを自分なりにコツコツと磨《みが》いている姿《すがた》を見せることで、人々はついてくることが多いのです。

5　事業を拡大《かくだい》するための「智慧《ちえ》」とは

人を動かす条件《じょうけん》①――大義名分《たいぎめいぶん》をつくる

したがって、「多くの人々を使おう」と思う人は、少なくとも二つの条件《じょうけん》は満《み》たさなければいけません。

一つ目の条件は、国家的《こっかてき》な事業であろうと、民間《みんかん》の企業《きぎょう》であろうと、あるいは、それ以外《いがい》の事業であろうと同じですが、やはり「大義名分《たいぎめいぶん》に当たる部分がなければ、結果《けっか》的に多くの人がついてくることはない」ということです。

明治維新《めいじいしん》を考えれば、大義名分とは何かがすぐに分かるでしょう。明治維新の勝敗《しょうはい》も、結局は「大義名分をつくれたかどうか」で結果が変《か》わってしまったわけです。

例《たと》えば、鳥羽《とば》・伏見《ふしみ》の戦《たたか》いでは、官軍《かんぐん》が四、五千人しかいなかったのに対し、幕府《ばくふ》軍は一万五千人ぐらいいました。つまり、まともに戦ったら幕府軍のほうが勝《か》つに決まっているのです。

しかし、官軍はわずか四、五千人だったにもかかわらず、朝廷《ちょうてい》のために「錦《にしき》の御旗《みはた》」を掲《かか》げて戦い、「幕府は朝敵《ちょうてき》だ」ということを示《しめ》しました。こういう大義名分を立てたところ、幕府軍が総退却《そうたいきゃく》に入ってしまったのです。

つまり、「大義名分を立てる」というのは非常《ひじょう》に大きなことで、「四、五千の軍《ぐん》隊《たい》が万の軍隊に勝つ」ことがあるわけです。自分たちのほうが賊軍《ぞくぐん》ということになったら、やはり戦う気力が湧《わ》きません。賊や朝敵になるというのではたまらないでしょう。

そうなると、あとは攻《せ》めるほうが勢《いきお》いで押《お》していけば、けっこう勝ってしまうところがあるのです。

そうした大義名分というものは、政治《せいじ》の部門、革命《かくめい》の部門でもありますが、会社でも必要《ひつよう》でしょう。会社が小さいうちからでもそうですが、大きくなればなるほど大義名分が大事になってくるのです。

要するに、「わが社が発展《はってん》すること、わが社の製品《せいひん》が売れること、わが社のサービスがほかのところよりも多くの人に選《えら》ばれることが、いかに国民のみなさんや日本の発展、あるいは海外も含《ふく》めて世界のためになるか」という大義名分を考える必要があります。

これを考えられない人は、「個人《こじん》として働《はたら》いている」としか言わざるをえません。「人を使って、事業体をさらに大きくしよう」と思うのであれば、大義名分が大事です。また、これについては、嘘《うそ》・偽《いつわ》りを考えるのではなく、事実上の本当の大義名分を考えるべきでしょう。

例えば、三国志《さんごくし》の時代であれば、劉備玄徳《りゅうびげんとく》は「漢室《かんしつ》の末裔《まつえい》」ということを誇《ほこ》りにしていたので、「漢室の再興《さいこう》」を掲げていました。一方、曹操《そうそう》は「宦官《かんがん》の孫《まご》だ」と言われて嘲《あざけ》られていましたし、最後《さいご》は漢室はなくなりましたが、少なくとも丞相《じょうしょう》になるまでは、「漢室再興のため」という大義名分を掲げて戦い続《つづ》けていたわけです。

そのように、多くの人々を動かして、ついてこさせるためには、何らかの大義名分が要《い》るのであり、会社でも同じように大義名分が必要でしょう。

もちろん、幸福の科学でも大義名分はたくさん打ち出しているはずです。大義名分を打ち出し、繰《く》り返し打ち込《こ》み、それを信《しん》じることによって多くの人たちが強くなります。そして、戦って勝つことに正義を見いだすようになるわけです。

そういう意味では、どのような仕事をしていても、自分の仕事に大義名分を持つことが大事なのです。

人を動かす条件《じょうけん》②——謙虚《けんきょ》さと努力《どりょく》する姿勢《しせい》

もう一つの条件《じょうけん》は、上に立つ人に求《もと》められることです。

小さなリーダーとして、課長《かちょう》や部長あたりのリーダーから、社長のようなトップまでいますけれども、リーダーが大義名分を持つと同時に、成長《せいちょう》すればするほど、周《まわ》りから見て、「私《わたくし》」の部分を抑《おさ》えていき、謙虚《けんきょ》であることが必要です。陰《かげ》日向《ひなた》なく周りの人や多くの人のために尽《つ》くしていくという姿勢《しせい》を見せることが、極《きわ》めて大事だと思うのです。

したがって、偉《えら》くなればなるほどに、自分の足りざるところを見て、「努力《どりょく》しなければならないことは何なのか。謙虚にならなければいけないところは何なのか」を考え、人に言われなくても常《つね》に努力し続けなければなりません。

「指示《しじ》を受けなくても、自分の仕事が何であるかが分かる人はリーダーだ」と前述《ぜんじゅつ》しましたが、上に上がっていく人ほど、陰《かげ》なる努力を続けていくという謙虚な姿勢が大事です。

つまり、「大勢《おおぜい》を働かせて、自分のほうは楽になりました」「仕事を任《まか》せて楽になりました」では済《す》まないわけで、「自分のところが楽になったら、その部分をいったい何に使っていくか」ということを考えるべきでしょう。

例えば、時間的に余裕《よゆう》が出る場合もあります。また、金銭《きんせん》的にも余裕が出るときもあるかもしれません。そのときに、何に使っていくか。どんな感じで、それを繰り返し繰り返し回転させながら大きくしていくか。そのために何か投資《とうし》しているか。時間投資や金銭投資をかけているかどうか。細切《こまぎ》れの時間も使いながら努力を重ねているか。

こういうところは、実に多くの人に見られているものなのです。

自分の〝分身《ぶんしん》〟をつくり、幹部《かんぶ》を養成《ようせい》する方法《ほうほう》

本章のもとになった法話《ほうわ》には、多くの経営者《けいえいしゃ》が、貴重《きちょう》な日曜日に、勉強しに来ていました。きっと、社員たちは、「うちのトップは勉強しに行っているのだなあ」と思っていたかもしれません。しかし、実際《じっさい》は居眠《いねむ》りをしていた可能性《かのうせい》もあります。したがって、居眠りをしていなかった証明《しょうめい》をしなければいけないのです。

もちろん、社員に、講話《こうわ》の内容《ないよう》を同じ時間だけ聴《き》かせるわけにはいかないでしょうから、朝礼で話してもレターを書いても何でもよいのですが、「勉強したこととしては、こういうことを学んだ」ということを、簡潔《かんけつ》に教えてあげるとよいでしょう。

このようにして、自分の〝分身〟、あるいは、幹部《かんぶ》を〝量産《りょうさん》〟していく努力をしなければいけないのです。

先ほど、曹操の例《れい》も出しましたけれども、彼は、『孫子《そんし》の兵法《へいほう》』とも関係《かんけい》があります。

『孫子の兵法』は、中国の誇る古典《こてん》の一つですが、著者《ちょしゃ》である孫子自身については、司馬遷《しばせん》の『史記《しき》』以外に書かれていないため、その存在《そんざい》がよく分かりません。

ただ、三国志の時代の曹操は、『孫子の兵法』に注釈《ちゅうしゃく》を付《つ》けており、曹操による『孫子の兵法』（『魏武帝註孫子《ぎぶていちゅうそんし》』）が遺《のこ》っていたため、現在《げんざい》のものは、これが基本《きほん》テキストになっているといわれているのです。

「曹操が付けた注釈を除《のぞ》いた部分が、孫子が書いた部分である」と考えられているわけですが、あのように戦《いくさ》に明け暮《く》れた人が、『孫子の兵法』に簡単《かんたん》な解説《かいせつ》、注釈を付けているのです。

なぜならば、この「兵法」というものには、どうにでも理解できる部分があるからです。

例えば、『孫子の兵法』では、「戦力《せんりょく》を集中せよ」とも教えていますし、「水のごとくであれ」とも教えています。しかし、これらを両立させるのは難《むずか》しいのです。

「戦力を集中せよ」とは、例えば、「ワンパターンで、一つのもので押し続ける」ということであり、それは、要するに、「自分の会社のいちばん強い商品一本で勝負しろ」という意味にも考えられます。また、「人」と「物」と「お金」を投入する場合にも、そういうことはありうるでしょう。

一方、「水のごとく自由であって、相手の動きに合わせて陣形《じんけい》を組む戦い方をせよ」とは、「いろいろな種類《しゅるい》の商品を開発したり、いろいろな種類のサービスを出したりして、次にどのような手を打ち返してくるか分からないようにする」ということでもあります。

このように、両方ありうるわけですが、このあたりの解釈は非常に難しいのです。

そういう意味で、曹操の偉いところは、『孫子の兵法』を自分で勉強して使うだけではなく、注釈を付けたものをつくり、それを大量に書写《しょしゃ》させて、幹部に当たる諸将《しょしょう》や参謀《さんぼう》、あるいは、その卵《たまご》たちに読ませて勉強させたことだと思います。

つまり、彼は、テキストをつくり、勉強させることによって、自分と同じような考え方ができるようにさせたわけですが、それは非常に大事なことなのです。

幸福の科学が「ソフト部分のテキスト化」を先行させる理由

これについては、幸福の科学でも同じであり、テキストづくりというか、「ソフトの部分をテキストとして固《かた》める」ということを、かなり先行して行う傾向《けいこう》が出ています。

これをしておくと、他の人に教えることや学習させることができるため、同じような考え方ができる人が増《ふ》えるのです。

そういう意味で、当会では、テキストの先行性を重視《じゅうし》して行っています。例えば、私たちは、幸福の科学大学（HSU）をつくるにしても、開学する前から、授業《じゅぎょう》の内容に当たるものを公開していますが、このようなことは今まで見たことも聞いたこともありません。

さらに、「幸福の科学大学（HSU）では、このようなことをやります」ということを本にして堂々《どうどう》と出しています。つまり、テキストの先行性で、ソフトを教科書化しているのです（『新しき大学の理念《りねん》』〔幸福の科学出版刊《しゅっぱんかん》〕等参照《さんしょう》）。

もちろん、ミートされる可能性は十分にあるのですが、そのあたりは、「創造《そうぞう》性がどこまであるか」という問題と同じであるとも言えるでしょう。

いずれにせよ、事業というものは、自分の考え方を共有《きょうゆう》する人を数多くつくっていかなければ、大きくしていくことができないところがあるのです。

このようなことも、よく考えてください。

6　リーダーに不可欠《ふかけつ》の「責任《せきにん》を取る力」

本章では、「リーダーとは、他の人に言われなくても、『自分の仕事とは何か』が分かる人である」という定義《ていぎ》を超《こ》えて、もう一段踏《いちだんふ》み込《こ》み、「大義名分《たいぎめいぶん》を持つこと」や「大きくなるにつれて、『私《わたくし》』の部分を小さくしていきつつ、時間を無駄《むだ》に使わずに、創意工夫《そういくふう》し、努力《どりょく》している姿《すがた》を見せなければならないこと」、あるいは、「情報分析《じょうほうぶんせき》等において、他の人との違《ちが》いを見せる分析の仕方や、判断《はんだん》を加《くわ》えていく力等をつけなければいけないこと」などを述《の》べました。

現代《げんだい》においては、「勉強し続《つづ》けること」とともに、「他の人が、まだ目をつけていないところ、考えが至《いた》っていないところを洞察《どうさつ》する力」が、智謀《ちぼう》のリーダーシップのもとだと思います。

また、そうした考えを持ち、リーダーとして、それをやり抜《ぬ》くためには、「決断力」も要《い》るし、「実行力」も要るのです。このあたりのところが大事になるでしょう。

そして、最後《さいご》は、やはり「勇気《ゆうき》」がなければ駄目《だめ》です。

必《かなら》ず、結果《けっか》は出るものではありますが、結果が出るものを避《さ》けて通るタイプの人は、最終的《さいしゅうてき》には、リーダーに向きません。

責任《せきにん》を取れない人は、頭がよくて、いろいろなことを知っていても、参謀《さんぼう》等にとどまるべきでしょう。

「大将《たいしょう》の器《うつわ》」を持つ人には、敗戦《はいせん》の責任も出てきます。勝つこともあれば、負けることもあるため、リーダーは、それを受け止めるだけの勇気を持ち、さらに、判断力と決断力、実行力を発揮《はっき》しつつ、責任も取らなければいけないわけです。

もちろん、そのなかには、「撤退《てったい》すべきときには撤退するという勇気」も含《ふく》まれるでしょう。これが、「将たる器」であると思います。

リーダーになるためには、参謀が持つような「智謀」も必要ですが、「勇気」や「決断力」、「実行力」、そして、「責任力」というものが伴《ともな》わねばならないのだということです。

本章では、いろいろなかたちで、「智謀のリーダーシップ」について語りました。

第6章 智《ち》慧《え》の挑《ちょう》戦《せん》

憎《にく》しみを超《こ》え、世界を救《すく》う「智慧」とは

The Challenge of Wisdom

1　いちばん大切な「原点」とは何か

幸福の科学の活動はさまざまな分野で多岐《たき》にわたっていますが、私自身も、いろいろな仕事をしつつ、原点に帰って、「何がいちばん大切なのか」と考えることが何度もありました。

その「原点とは何か」というと、それは、本当にシンプルで分かりやすい、ごく当たり前のことだったのです。

現代《げんだい》という世の中は、とても複雑《ふくざつ》で高度化し、学問も専門《せんもん》化し、細分化しています。そのため、それぞれの分野で自《みずか》らの専門を究《きわ》めている人々が、全体観《かん》としての「人間とは何《なん》ぞや」ということや、「人間はなぜ、この世に生まれてくるのか」「どこから生まれて、どこへ去っていくのか」というような単純《たんじゅん》なことが、分からなくなっているのです。

個別《こべつ》のことについては、とても詳《くわ》しくなっています。百年前、二百年前ではとうてい想像《そうぞう》がつかないほど専門家が数多く出ており、それぞれ、自分の専門の仕事に関《かん》しては、とても自信《じしん》を持っています。

しかし、トータルの人間観として、「あなたとは何であるのか。あなたが人間であるということは、いったいどういうことであるのか。これに答えられるか」と問われたときに、まともに答えられる人が非常《ひじょう》に少ないのです。

2　本当の「知る権利《けんり》」とは

人間が本当に知るべきこと

世間《せけん》では、今、「情報《じょうほう》の公開」や「知る権利《けんり》」の大切さなど、いろいろなことが言われています。もちろん、それは、そのとおりだと思います。

しかし、「知る権利」とは、この世での出来事だけを知る権利ではないことを、どうか知ってほしいのです。

人間が本当に知るべきこととは、

「自分は何者なのか」

「なぜ、今、存在《そんざい》しているのか」ということです。

なぜ、このような姿《すがた》で、
このような能力《のうりょく》や才能や機能《きのう》を持って、
今、生まれ、生き、
あるいは喜《よろこ》び、
あるいは悲しみ、
あるいは苦しみ、
あるいは優《やさ》しい心でもって生きていこうとするのか。
人は、何ゆえに、
努力《どりょく》することをやめようと思っても、
やめることができないのか。

何ゆえに、
向上を目指そうとして、
現在《げんざい》ただいまの自分よりも、
もう一段《いちだん》の精神的《せいしんてき》な高みを目指して、
一歩でも二歩でも上がっていこうとするのか。
もし、「人間が偶然《ぐうぜん》にこの世に投げ出された存在」であるとするならば、
この世に、「他の人に対して愛《あい》を与《あた》えんとする人」が存在するのだろうか。
なぜ、「多くの人々を愛そうとする人」が出るのか。
何ゆえに、

これらは、根源的《こんげんてき》なる疑問《ぎもん》です。
あなたがたは、「知る権利」を拡大《かくだい》すればするほど、世界のいろいろな場所で、

争《あらそ》いや憎《にく》しみが満《み》ちていることが分かるでしょう。

争《あらそ》いや憎《にく》しみのなかで光り輝《かがや》く一群《いちぐん》の人々

そうした争《あらそ》いや憎《にく》しみのなかにあって、光り輝《かがや》く一群《いちぐん》の人々がいます。

憎しみを乗り越《こ》えようとしています。

彼らは、争いのなかにあって、その争いをはるかに乗り越えて、人類《じんるい》を一歩でも前に推《お》し進めようと、懸命《けんめい》な努力を今日《きょう》もやめていません。

幸福の科学に集《つど》う者も、ささやかではありますけれども、可能《かのう》な範囲《はんい》でなすべきことを続《つづ》けています。

しかし、世界の数十億《おく》の人口から見たら、私たちの仕事は、まだまだはるかに小さなものだと思います。今、全世界の人々が、百カ国以上《いじょう》で私の話を聴《き》いていますが、まだ、この声が届《とど》き切りません。

毎日毎日、説法《せっぽう》をし、あるいは、異次元《いじげん》からの言葉を収録《しゅうろく》し、それらを本にして、世界各地《かくち》で発刊《はっかん》しても、まだ届かないのです。残念《ざんねん》です。

信仰《しんこう》から遠ざかる現代《げんだい》人は物質《ぶっしつ》文明に敗北《はいぼく》している

ただ、これも考え方によるのではないでしょうか。

今、日本では、私の講演会《こうえんかい》を衛星中継《えいせいちゅうけい》していますし、幾《いく》つかのテレビ局の協力《きょうりょく》を得《え》て、講演会の一部がテレビで流されています。

一方、アフリカでは、すでに三千万人以上の人々が、テレビで、私の講演会を聴いています。そのなかには、毎週のように聴いている人もいるのです。

こうした違《ちが》いは、「宗教《しゅうきょう》に対する態度《たいど》」によるものでもあるでしょう。

文明が高度化し、物質《ぶっしつ》文明や産業《さんぎょう》が発展《はってん》すればするほど、なぜ、人は信仰《しんこう》から遠ざかっていくのでしょうか。

「信仰というものは、近代文明に反するもの、現代《げんだい》文明に反するもの」という考え方の刷《す》り込《こ》みが、どこかに入っているのではないでしょうか。あるいは、「神や仏《ほとけ》を信じる心を人に知られるのは恥《は》ずかしい」という思いが、どこかにあるのではないでしょうか。

それは、「人はどこからこの地上に生まれ、なぜ、今、生きているのか」という問いに対し、あなたがたが地上の物質文明に敗北《はいぼく》しつつあることを意味しているということを、決して忘《わす》れてはなりません。

学問に、もう一段《いちだん》の「智慧《ちえ》の光」を

私たちは、今、幸福の科学大学（ＨＳＵ）設立《せつりつ》のために、大きな運動を起こしています。

現代は、数多くの学問がいろいろな大学で教えられており、そうした学問を通して得られた知識《ちしき》が教育となり、人々の頭脳《ずのう》の力、考える力となることによって、世の中で有利になったり、世の中を少しでも前進させ、便利《べんり》にさせる力になったりしていますが、私は、それを否定《ひてい》していません。

食料《しょくりょう》に飢《う》えたり、あるいは、住む所もない人々、飲む水も十分にない人々、家族の健康《けんこう》を守れないでいる人々、道路をつくりたくてもつくれず、橋を架《か》けたくても架けることができない貧《まず》しい国々、そういう世界に住む人々に、学問の力によって、新しい知識を与え、高度な智慧《ちえ》を与え、この世においても救《すく》い、発展させていくことは、とても大事なことだと思います。

しかし、この学問に、もう一段《いちだん》の力が必要《ひつよう》です。「智慧の光」が必要なのです。

人を幸福にする知識《ちしき》か否《いな》かを分ける「智慧《ちえ》の力」

「何のための学問であるのか。何のための知識《ちしき》であるのか。何のために賢《かしこ》くなり、何のために、専門家《せんもんか》として、今、尊敬《そんけい》されているのか」ということです。

そして、その知識の量《りょう》ゆえに、多くの人々から尊敬を受けている人々は、「あなたがたの発言は、多くの人々を救うこともでき、また、迷《まよ》わすこともできるのだ」ということを、知ってください。

知識というものは、それ自体は価値《かち》中立的なものです。

知識そのものは何らかの役に立つように見えて、人に害《がい》を与えることも、また、人を幸福にすることもできます。

人を幸福にする知識か。それとも、人に害を与えたり、結果《けっか》的に、人を苦しめたり悲しめたりすることにつながっていく知識かどうか。

これを分けるものが、「智慧《ちえ》の力」なのです。

3 地上世界において天使の片鱗《へんりん》を見せる

この世の「区別《くべつ》」や「差別《さべつ》」を超《こ》えて、人々を救《すく》う「智慧《ちえ》」を得《え》る

では、その「智慧《ちえ》」とは、いったいどのようにして得《え》られるものでしょうか。

それは、もちろん、常日《つね》ごろのさまざまな学習や経験《けいけん》を通して得られるものであることは、間違《まちが》いありません。

また、自分たちの先輩《せんぱい》に当たる人々から尊《とうと》い教えを受けることによって、一段《いちだん》と高い認識力《にんしきりょく》を持ち、間違わない人生を生き、人々を指導《しどう》できるようになることも事実です。

しかし、それ以上《いじょう》に、私はあなたがたに伝《つた》えたいことがあります。

人がこの世に生きている理由は、とてもシンプルで単純《たんじゅん》なものです。それによって許《ゆる》されているのです。

あなたがたがこの世に生まれてくるのは、実に単純なことであり、人間は、「あの世」といわれる実在《じつざい》世界と「この世」といわれる地上世界の、この二つの世界を行ったり来たりしている「旅人」のような存在《そんざい》なのです。

この世に生きている間、私たちは、もといた世界がどのような世界であったかを忘《わす》れ、この世的《てき》なものばかりに関心《かんしん》を持つようになります。

しかし、そのなかにあって、「実在世界」といわれる真実の世界から、人々が生きるために必要《ひつよう》な力、「徳《とく》の力」を見つけ出し、身につけることができた人にとっては、この世は、限《かぎ》りなく、「神や仏《ほとけ》の創《つく》られた世界」に見えるようになっているのです。

この世だけの差別観《さべつかん》に満《み》ちた目で見れば、人の肌《はだ》の色の違いや収入《しゅうにゅう》の違い、地《ち》位《い》の違い、学歴《がくれき》の違い、あるいは、生まれた地域《ちいき》の違いによって、人は人を区別《くべつ》し、差別していくようになりますが、もう一段高い霊的《れいてき》世界から見たならば、そうしたこの世的な「区別」や「差別」といったものは、まったく通用しないのだということを、あなたがたは知ることになるでしょう。

いや、むしろ、この世において、ハンディがあって、人よりも厳《きび》しい立場に置《お》かれ、苦しい戦《たたか》いのなかで自己《じこ》を発揮《はっき》し、他の人々に対して救《すく》いの手を差し伸《の》べようとしている人こそ、この世の光です。この世の愛《あい》です。この世の許しです。

この難《むずか》しい難しい地上世界において、そのような「天使の片鱗《へんりん》」を見せることこそ、あなたがたが、この世において、一分《いちぶ》なりとも智慧を手にしえたということだと思うのです。

「多様な生き方」のなかで、いかにその国の人々を幸福に導《みちび》くか

世界は今、二百カ国近い、さまざまな国に分かれています。同じ二十一世紀《せいき》に生きていながら、まったく違った環境《かんきょう》や指導方針《ほうしん》、教育方針、政治《せいじ》システムの下《もと》に生きている人々が数多くいます。

人類《じんるい》が多様であるかぎり、さまざまな文明実験が行われ、多様な生き方があるということは、認《みと》めざるをえません。

しかし、その多様な生き方のなかで、いかに、その国の人々を幸福に導《みちび》くかについては、たとえ、手段・方法《ほうほう》は違えども、登る道は違えども、その目標《もくひょう》・目的がはっきりしているかぎり、必《かなら》ず、頂上《ちょうじょう》に向かって進めていくことができるものなのです。

そうした手段・方法の違いを考慮《こうりょ》しても、なお、「そのやり方では、この世の

不幸《ふこう》を広げ、他の国々にも不幸を広げる」というような考え方に、いまだにしがみついている人々がいるならば、そういう人々の頑《かたく》なな心に、春の日差《ひざ》しのような光を投げかけることも、幸福の科学の仕事であると考えます。

早く、遠くまで真理を届《とど》けたい

私の心は、どこまでも、「急ぎ、早く、遠くまで真理を届《とど》けたい」という気持ちでいっぱいです。

しかし、現実《げんじつ》の世界においては、私たちの歩みはカタツムリのように、遅々《ちち》として進みません。なかなか、なかなか進みません。

私は、一九九〇年ごろから、一万人以上の大きな会場で講演会《こうえんかい》をしていますが、もちろん、その当時は衛星《えいせい》放送などありませんでした。当時の人々は、春にも夏にも秋にも冬にも、会場に来て私の話を聴《き》いたはずです。

今は、日本国内と海外の約《やく》三千五百カ所が、衛星放送でつながっています。

そのころに比《くら》べれば、はるかに教えは広がっていると言えるでしょう。

しかし、それでも、まだまだ力が及《およ》んでいないのです。どうか、それを知ってください。

この世における勝利《しょうり》とエル・カンターレの使命

私たちは、現在、日本という国をホームベースとして真理の活動を行っていますが、この日本を敵視《てきし》する国も存在します。

私は、考え方に違いがあることは構《かま》わないと思います。お互《たが》いに相手の非《ひ》を改《あらた》めようとする努力《どりょく》は、貴重《きちょう》なことだと思いますし、日本人に一片《いっぺん》の悪いこともなかったとは考えていません。

しかし、「過去《かこ》の日本人が、どのような生き方をしてきたか」ということは、

「現在の日本人が、どのような生き方をしているか」という、結果《けっか》としての〝果実〟で判断《はんだん》されるべきであると思うのです。

今、日本で生きているあなたがたの心が、世界の人々の幸福を願《ねが》い、そして、日本に住む人々を憎《にく》んだり、あるいは「千年間、日本を許さない」と言ったりしている国の人々をも愛し、許す力を出すことができるのであれば、「あなたがたは、すでに、この世において勝利《しょうり》した」と断言してよいでしょう。

これから先の千年、日本人を憎むなら憎んでも構いません。

しかし、私たちは、そういう国に対して、二千年、許しを与《あた》えましょう。

「過去数百年も、日本が悪いことをやった」と言われるならば、そういう国に対し、数千年の長きにわたって、私たちは幸福を運び続《つづ》けましょう。

また、イスラム教、ユダヤ教、キリスト教、仏教《ぶっきょう》といった宗教《しゅうきょう》の違い、あるいは、その他のさまざまな思想・信条《しんじょう》の違いによって、この世的に憎しみ合いが生まれています。

しかし、そのようなものをなくすのが、エル・カンターレの使命なのです。

幸福の科学では、「エル・カンターレとは、さまざまな世界的宗教を導いてきた存在である」と説明《せつめい》していますが、普通《ふつう》の日本人の常識《じょうしき》から考えるならば、「それはそれは途方《とほう》もない夢想《むそう》であり、空想であり、あるべきことではなく、学問的に認められることではない」というのが、括弧《かっこ》付きの〝常識〟でしょう。

しかし、イエスが語ったように、その〝果実〟がどうであるかを見れば、その〝木〟がよい〝木〟であるかどうかは分かります。

地上における光の指導霊《しどうれい》の仕事

あなたがたが生み出す〝果実〟が、憎しみを乗り越《こ》えて、世界に愛の花を咲《さ》かせるものであるならば、それを教えている根本《こんぽん》である〝木〟は、世界を救うために生《は》えている〝木〟です。

その〝木〟の名を「エル・カンターレ」といいます。

名前は何でもよいのですが、「元《もと》なるものだ」「一《いっ》なるものだ」と、私は述《の》べているのです。

この考えの下《もと》に、世界の宗教や思想や哲学《てつがく》など、さまざまな学問は派生《はせい》してきたのです。

今、それは、いろいろと細分化され、分からなくなってきています。

宗教学を研究しても、宗教の根本が分かっていません。仏教学を研究しても、「仏陀《ぶっだ》は無神論者《むしんろんじゃ》・唯物論者《ゆいぶつろんじゃ》だ」と言う人が出てきたり、孔子《こうし》を尊敬《そんけい》していても、孔子があの世のことを説《と》かなかったために、あの世のことについては無視する国も出てきたりしています（注。新聞報道《ほうどう》によると、習近平《しゅうきんぺい》・中国国家主席《しゅせき》は二〇一四年九月の中央民族工作会議《かいぎ》で、「共産党員《きょうさんとういん》は宗教を信仰《しんこう》してはならない。宗教活動に参加してはならないとの規則《きそく》を堅持《けんじ》すべきだ」と強調した）。

長い年月《ねんげつ》がたてば、砂《すな》がかかったように、物事は古くなり、見えなくなることもあるでしょう。

そのため、時折《ときおり》、光の指導霊《しどうれい》がこの地上に生まれて、人々の迷妄《めいもう》を解《と》かねばならなくなるのです。

人々の間違いを正し、教えの間違いを正し、あるべき姿《すがた》をシンプルに示《しめ》さなければならないのです。それが、彼らの仕事であるわけです。

そのなかには、歴史《れきし》上、不幸な最期《さいご》を遂《と》げた人も数多くいます。時代の常識に反したり、あるいは、時代をはるかに進んだ考えを述べたりしたために、同時代の人たちに理解《りかい》されなかった人は数多くいます。

私たちの諸《しょ》先輩には、そういう人々が数多くいたのです。

4　不滅《ふめつ》の真理の下《もと》に

人類普遍《じんるいふへん》の真理を得《え》ることが「智慧《ちえ》」

しかし、私は言います。

この世の命《いのち》は有限《ゆうげん》です。
しかし、真理は絶対《ぜったい》に死にません。
真理は不滅《ふめつ》です。
私の説《と》く言葉は、
今から五百年たっても、千年たっても、二千年たっても、三千年たっても、人類史《じんるいし》のなかに、必《かなら》ず遺《のこ》ります。

おそらく、そのころには、

エル・カンターレの写真も映像《えいぞう》も遺ってはいないでしょう。

しかし、「ある人が東洋の小さな国に生まれて、

そこから、日本の国を超《こ》え、全世界の人々に対し、福音《ふくいん》を宣《の》べた」という事実。

この事実だけは、絶対に、地上の歴史《れきし》から消してはなりません。

あなたがたは、単純《たんじゅん》でこの世的《てき》な知識《ちしき》を得《え》ることのみをもって満足《まんぞく》することは、

やめてください。

この世の知識を超えた「人類普遍《じんるいふへん》の真理」を得ることこそ、あなたがたが今、

この世に生きている理由なのです。

それこそが、「智慧《ちえ》」ということなのです。

「学問への挑戦《ちょうせん》」から「智慧《ちえ》の挑戦」へ

私たちはすでに、幸福の科学学園中学校・高等学校を、関東《かんとう》と関西に二校開きました。さらに、二〇一五年以降《いこう》、大学（HSU）もつくっていきます。学問へも挑戦《ちょうせん》をかけています。

学問で、この世的に「偉《えら》い」と判定《はんてい》された人々が、世の人々に対し、心の底《そこ》からの感謝《かんしゃ》の思いや、熱《あつ》い愛《あい》の気持ちを十分に伝《つた》え切れず、人からものを奪《うば》い、人から尊敬《そんけい》を奪い、冷《つめ》たく、セルフィッシュ（自己《じこ》中心的）になっています。

私は、そうした事実を見るにつけても、学問をし、学んだ人を、多くの人々を愛せるような器《うつわ》にしていきたいのです。

それが、本章で語りたかった「智慧《ちえ》の挑戦」です。

これより後《のち》、
「久遠《くおん》の真理」をその手にし、
真理の下《もと》に、
自分自身のためだけでなく、
自分を取り巻《ま》く周《まわ》りの人々、
この国の人々、
世界の人々のユートピアのために、
最後《さいご》まで戦《たたか》い抜《ぬ》いていきましょう。

あとがき

テクノロジーの発展とともに、個人や組織の持ちえる情報や知識は確かに増えた。量的な面だけでなく、入手のための時間効率も大幅に有利になった。まさしく現代人は、個々人が神になる寸前《すんぜん》まで来ているかの錯覚《さっかく》に陥《おちい》ることもある。

しかし他方では、横断歩道を歩きながら、携帯《けいたい》やスマホをいじっている人たちが、ソクラテスやカントよりも賢くなったと信じられないのも事実である。

二〇一四年の東大の入学式では、教養学部長が、「スマホをいじる時間を半分にして本を読みなさい。」と東大の新入生に式辞で注意する場面があった。私たちの時代に、「テレビばかり見ていると一億総白痴《いちおくそうはくち》になる。」と某《ぼう》評論家が警告していた内容の別バージョンだ。本書は、現代的に語られた、古典的知的生活の方法であり、知的生産の方法でもある。

なぜか世界一のアウトプット量を誇る、時代を超えた教養人の仕事論が語られた一冊でもある。

二〇一四年　十二月

幸福《こうふく》の科学《かがく》グループ創始者兼総裁《そうししゃけんそうさい》　大川隆法《おおかわりゅうほう》

本書は左記の法話をとりまとめ、加筆したものです。

第1章　繁栄への大戦略
二〇一四年七月八日説法
埼玉県・さいたまスーパーアリーナ

第2章　知的生産の秘訣
二〇一一年十二月三十一日説法
東京都・大悟館

第3章　壁を破る力
二〇一四年五月六日説法
東京都・東京正心館

第4章　異次元発想法
二〇一四年二月十一日説法
東京都・東京正心館

第5章　智謀のリーダーシップ
二〇一四年一月二十六日説法
神奈川県・横浜正心館

第6章　智慧の挑戦
二〇一三年十二月十四日説法
千葉県・幕張メッセ

『智慧の法』大川隆法著作関連書籍

『忍耐の法』（幸福の科学出版刊）
『政治革命家・大川隆法』（同右）
『忍耐の時代の経営戦略』（同右）
『新しき大学の理念』（同右）

※左記は書店では取り扱っておりません。最寄りの精舎・支部・拠点までお問い合わせください。
『リーダーの条件』（宗教法人幸福の科学刊）
『理想的な受験生活の送り方』（大川裕太著 同右）

○その他、第2章「知的生産の秘訣」に関しては、渡部昇一氏の一連の著作の影響を受けているが、著者が実践して納得したものを参考にしている。

智《ち》慧《え》の法《ほう》 ――心のダイヤモンドを輝かせよ――

2015年1月1日　初版第1刷
2015年6月18日　第15刷

著　者　大《おお》川《かわ》隆《りゅう》法《ほう》

発行所　幸福の科学出版株式会社

〒107-0052 東京都港区赤坂2丁目10番14号
TEL(03)5573-7700
http://www.irhpress.co.jp/

印刷　株式会社東京研文社
製本　株式会社ブックアート

落丁・乱丁本はおとりかえいたします

ISBN978-4-86395-611-7 C0014
写真：© GIS - Fotolia.com ／アフロ／ © SHAKTI/a.collectionRF /amanaimages

大川隆法 法シリーズ・**人生の目的と使命を知る《基本三法》**

太陽の法

エル・カンターレへの道

創世記や愛の段階、悟りの構造、文明の流転を明快に説き、主エル・カンターレの真実の使命を示した、仏法真理の基本書。8言語に翻訳され、世界累計1000万部を超える大ベストセラー。

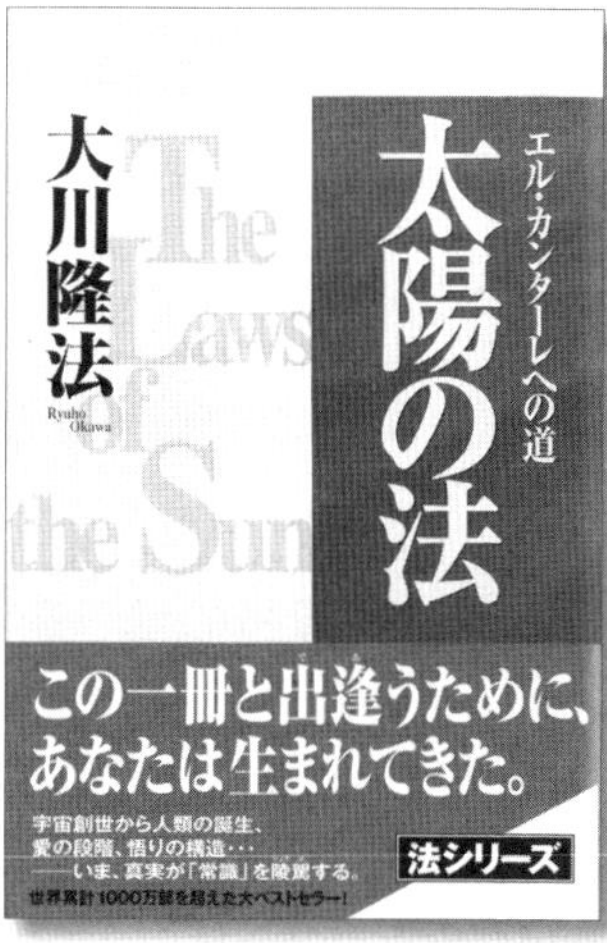

第１章　太陽の昇る時
第２章　仏法真理は語る
第３章　愛の大河
第４章　悟りの極致
第５章　黄金の時代
第６章　エル・カンターレへの道

2,000円

黄金の法

エル・カンターレの歴史観

歴史上の偉人たちの活躍を鳥瞰しつつ、隠されていた人類の秘史を公開し、人類の未来をも予言した、空前絶後の人類史。

2,000円

永遠の法

エル・カンターレの世界観

『太陽の法』（法体系）、『黄金の法』（時間論）に続いて、本書は、空間論を開示し、次元構造など、霊界の真の姿を明確に解き明かす。

2,000円

※表示価格は本体価格（税別）です。

大川隆法 ベストセラーズ・法シリーズ

忍耐の法

「常識」を逆転させるために

人生のあらゆる苦難を乗り越え、夢や志を実現させる方法が、この一冊に——。混迷の現代を生きるすべての人に贈る待望の「法シリーズ」第20作！

2,000円

未来の法

新たなる地球世紀へ

暗い世相に負けるな！ 悲観的な自己像に縛られるな！ 心に眠る無限のパワーに目覚めよ！ 人類の未来を拓く鍵は、一人ひとりの心のなかにある。

2,000円

不滅の法

宇宙時代への目覚め

「霊界」「奇跡」「宇宙人」の存在。物質文明が封じ込めてきた不滅の真実が解き放たれようとしている。この地球の未来を切り拓くために。

2,000円

教育の法

信仰と実学の間で

深刻ないじめ問題の実態と解決法や、尊敬される教師の条件、親が信頼できる学校のあり方など、教育を再生させる方法が示される。

1,800円

大川隆法ベストセラーズ・「大川隆法」の魅力を探る

大川総裁の読書力

知的自己実現メソッド

区立図書館レベルの蔵書、時速2000ページを超える読書スピード──。1300冊を超える著作を生み出した驚異の知的生活とは。

1,400円

大川隆法の守護霊霊言

ユートピア実現への挑戦

あの世の存在証明による霊性革命、正論と神仏の正義による政治革命。幸福の科学グループ創始者兼総裁の本心が、ついに明かされる。

1,400円

政治革命家・大川隆法

幸福実現党の父

未来が見える。嘘をつかない。タブーに挑戦する──。政治の問題を鋭く指摘し、具体的な打開策を唱える幸福実現党の魅力が分かる万人必読の書。

1,400円

素顔の大川隆法

素朴な疑問からドキッとするテーマまで、女性編集長3人の質問に気さくに答えた、101分公開ロングインタビュー。大注目の宗教家が、その本音を明かす。

1,300円

大川隆法 ベストセラーズ

西田幾多郎の「善の研究」と幸福の科学の基本教学「幸福の原理」を対比する

既存の文献を研究するだけの学問は、もはや意味がない！ 独創的と言われる「西田哲学」を超える学問性を持った「大川隆法学」の原点がここに。

1,500円

「経営成功学の原点」としての松下幸之助の発想

「商売」とは真剣勝負の連続である！「ダム経営」「事業部制」「無借金経営」等、経営の神様・松下幸之助の経営哲学の要諦を説き明かす。

1,500円

現代の帝王学序説

人の上に立つ者はかくあるべし

組織における人間関係の心得、競争社会での「徳」の積み方、リーダーになるための条件など、学校では教わらない「人間学」の要諦が明かされる。

1,500円

資本主義の未来

来たるべき時代の「新しい経済学」

なぜ、ゼロ金利なのに日本経済は成長しないのか？ マルクス経済学も近代経済学も通用しなくなった今、「未来型資本主義」の原理を提唱する！

2,000円

大川隆法シリーズ・新刊

青春への扉を開けよ 三木孝浩監督の青春魔術に迫る

映画「くちびるに歌を」「僕等がいた」など、三木監督が青春映画で描く「永遠なるものの影」とは何か。世代を超えた感動の秘密が明らかに。

1,400円

天使は見捨てない

福島の震災復興と日本の未来

大震災から4年――。被災された人々の心を救い、復興からの発展をめざすために、福島で語られた「天使たちの活躍」と「未来への提言」。

1,500円

人生の迷いに対処する法

幸福を選択する４つのヒント

「結婚」「職場の人間関係」「身体的コンプレックス」「親子の葛藤」など、人生の悩みを解決して、自分も成長していくための４つのヒント。

1,500円

幸福の科学出版

※表示価格は本体価格(税別)です。

この地球《ほし》は、宇宙に必要か?
大川隆法 製作総指揮
長編アニメーション映画
UFO学園の秘密
The Laws of The Universe Part 0
製作総指揮・原案/大川隆法
監督/今掛勇 脚本/「UFO学園の秘密」シナリオプロジェクト 音楽/水澤有一
総合プロデューサー/本地川瑞祥 松本弘司
美術監督/渋谷幸弘
VFXクリエイティブディレクター/粟屋友美子
キャスト/逢坂良太 瀬戸麻沙美 柿原徹也 金元寿子 羽多野渉 浪川大輔
アニメーション制作/HS PICTURES STUDIO
幸福の科学出版作品 配給/日活
©2015 IRH Press
UFO学園 検索!
©2015 IRH Press 配給/日活 配給協力/東京テアトル NIKKATSU
10月10日、全国一斉ロードショー!

幸福の科学グループのご案内

宗教、教育、政治、出版などの活動を通じて、地球的ユートピアの実現を目指しています。

宗教法人 幸福の科学

一九八六年に立宗。一九九一年に宗教法人格を取得。信仰の対象は、地球系霊団の最高大霊、主エル・カンターレ。世界百カ国以上の国々に信者を持ち、全人類救済という尊い使命のもと、信者は、「愛」と「悟り」と「ユートピア建設」の教えの実践、伝道に励んでいます。

（二〇一五年六月現在）

愛

幸福の科学の「愛」とは、与える愛です。これは、仏教の慈悲《じひ》や布施《ふせ》の精神と同じことです。信者は、仏法真理をお伝えすることを通して、多くの方に幸福な人生を送っていただくための活動に励んでいます。

悟り

「悟り」とは、自らが仏の子であることを知るということです。教学《きょうがく》や精神統一によって心を磨き、智慧《ちえ》を得て悩みを解決すると共に、天使・菩薩《ぼさつ》の境地を目指し、より多くの人を救える力を身につけていきます。

ユートピア建設

私たち人間は、地上に理想世界を建設するという尊い使命を持って生まれてきています。社会の悪を押しとどめ、善を推し進めるために、信者はさまざまな活動に積極的に参加しています。

国内外の世界で貧困や災害、心の病で苦しんでいる人々に対しては、現地メンバーや支援団体と連携して、物心両面にわたり、あらゆる手段で手を差し伸べています。

年間約３万人の自殺者を減らすため、全国各地で街頭キャンペーンを展開しています。

公式サイト **www.withyou-hs.net**

ヘレン・ケラーを理想として活動する、ハンディキャップを持つ方とボランティアの会です。視聴覚障害者、肢体不自由な方々に仏法真理を学んでいただくための、さまざまなサポートをしています。

公式サイト **www.helen-hs.net**

INFORMATION

お近くの精舎・支部・拠点など、お問い合わせは、こちらまで！

幸福の科学サービスセンター

TEL. 03-5793-1727（受付時間 火〜金：10〜20時／土・日・祝日：10〜18時）

宗教法人 幸福の科学 公式サイト happy-science.jp

教育

学校法人 幸福の科学学園

学校法人 幸福の科学学園は、幸福の科学の教育理念のもとにつくられた教育機関です。人間にとって最も大切な宗教教育の導入を通じて精神性を高めながら、ユートピア建設に貢献する人材輩出を目指しています。

幸福の科学学園

中学校・高等学校（那須本校）
2010年4月開校・栃木県那須郡（男女共学・全寮制）
TEL **0287-75-7777**
公式サイト **happy-science.ac.jp**

関西中学校・高等学校（関西校）
2013年4月開校・滋賀県大津市（男女共学・寮及び通学）
TEL **077-573-7774**
公式サイト **kansai.happy-science.ac.jp**

ハッピー・サイエンス・ユニバーシティ（HSU）
TEL **0475-32-7770**

仏法真理塾「サクセスNo.1」 TEL **03-5750-0747**（東京本校）

小・中・高校生が、信仰教育を基礎にしながら、「勉強も『心の修行』」と考えて学んでいます。

不登校児支援スクール「ネバー・マインド」 TEL **03-5750-1741**
心の面からのアプローチを重視して、不登校の子供たちを支援しています。
また、障害児支援の**「ユー・アー・エンゼル！」運動**も行っています。

エンゼルプランV TEL **03-5750-0757**
幼少時からの心の教育を大切にして、信仰をベースにした幼児教育を行っています。

シニア・プラン21 TEL **03-6384-0778**
希望に満ちた生涯現役人生のために、年齢を問わず、多くの方が学んでいます。

学校からのいじめ追放を目指し、さまざまな社会提言をしています。また、各地でのシンポジウムや学校への啓発ポスター掲示等に取り組む一般財団法人「いじめから子供を守ろうネットワーク」を支援しています。

公式サイト **mamoro.org**
相談窓口 **TEL.03-5719-2170**
ブログ **blog.mamoro.org**

政治

幸福実現党

内《ない》憂《ゆう》外《がい》患《かん》の国難に立ち向かうべく、二〇〇九年五月に幸福実現党を立党しました。創立者である大川隆法党総裁の精神的指導のもと、宗教だけでは解決できない問題に取り組み、幸福を具体化するための力になっています。

党員の機関紙
「幸福実現NEWS」

TEL 03-6441-0754
公式サイト hr-party.jp

出版 メディア 事業

幸福の科学出版

大川隆法総裁の仏法真理の書を中心に、ビジネス、自己啓発、小説など、さまざまなジャンルの書籍・雑誌を出版しています。他にも、映画事業、文学・学術発展のための振興事業、テレビ・ラジオ番組の提供など、幸福の科学文化を広げる事業を行っています。

アー・ユー・ハッピー?
are-you-happy.com

ザ・リバティ
the-liberty.com

幸福の科学出版
TEL 03-5573-7700
公式サイト irhpress.co.jp

THE FACT

ザ・ファクト
マスコミが報道しない
「事実」を世界に伝える
ネット・オピニオン番組

Youtubeにて
随時好評配信中!

ザ・ファクト　検索